シリーズ「遺跡を学ぶ」018

土器製塩の島

喜兵衛島製塩遺跡と古墳

近藤義郎

新泉社

土器製塩の島
──喜兵衛島製塩遺跡と古墳──

近藤義郎

【目次】

第1章　喜兵衛島の謎

1　無人島の古墳群

古墳とは？

もうずいぶん前のことである。一九五二年晩秋のころ、岡山県玉野市を訪ねた僕は、市役所にお勤めの杉野文一さんから、驚くような話をお聞きした。杉野さんはいつものもぐもぐとした調子で、「無人島に古墳がありますよ」と言うのである。当時杉野さんは遺物、中でも瀬戸内の島々での石器の収集で有名であった。

当時僕は、同じ岡山県の北よりの津山市佐良山《さらやま》古墳群や河辺《かわなべ》古墳群、さらに県北の八束《やつか》村・川上村にわたる蒜山原《ひるぜんばら》古墳群、それに県南の総社市三須《みす》古墳群などの古墳の悉皆《しっかい》調査を行ない、古墳は大抵のところに在り、しかもある程度の平野を控えている土地では、群をなすほどに造られていることを知るようになっていた。また古墳を「貴族」「豪族」だけの墓と考えるのはおかしい、「えらい」人たちだけでなく、小さな古墳なら有力農民も造り、葬られたのではないかと考えるようになっていた。

　そのころはまだ戦前からの尾を引いた一部の書物に、古墳は「貴族・豪族が造ったものだ」というような記載がなおちらほら見えていたし、実際普通の皆さんもそのように考え、古墳（の主）を恐れ敬まったり、わが村の「歴史」をそのような豪族に発したとすることが多かった。僕はそうした考えは、考古学にふさわしくないと思っていた。そうして、古墳の悉皆調査を通して、有力農民をはじめかなりの数の農民がそこに葬られていたと考え、そのように書いたりした。しかし、小古墳とはいえ奥行き数メートルもある横穴式石室を築きそこに埋葬された人物を、農民であると言い切れるだけの充分な資料も自信もなかった。

図１ ● 喜兵衛島遠望
岡山市の金甲山山頂より。

無人島の古墳

そうしたところに、杉野さんが「無人島に古墳がある」と言われたわけである。これはいったいどういうことだろうか。「無人島」とは何であろうか、杉野さんには失礼な話だが本当に古墳なのだろうか、など幾つもの疑問が湧いた。僕は「百聞は一見に如かず」と思い、杉野さんにその島への案内をお願いした。

翌一九五三年一月一五日、杉野さんは小舟を雇い、僕たちを連れて島に向かった。杉野さんと僕のほか、岡山大学学生の岡本明郎《あきお》さん、玉野高校生の尾崎庶さんの四人である。岡本君は僕が、尾崎君は杉野さんが誘った。宇野港を出ると間もなく左（東）に振れ、相接するように浮かぶ幾つかの島群の一つ、喜兵衛島《きへいじま》の浜に着いた。喜兵衛島西南の浜である。すぐさま僕たちの目に、浜にいっぱいに散乱するおびただしい土器の破片が映った。これが師楽式《しらくしき》と呼ばれる岡山、というより備讃《びさん》瀬戸一帯で知られている土器であることはすぐ判ったが、どうしてこのような「無人島」にあるのだろうかと思いながらも、とりあえず杉野さんに導かれて、浜の背後の山を登りはじめた。

草をかき分け一〇メートルほど登ると、「あれですよ」と杉野

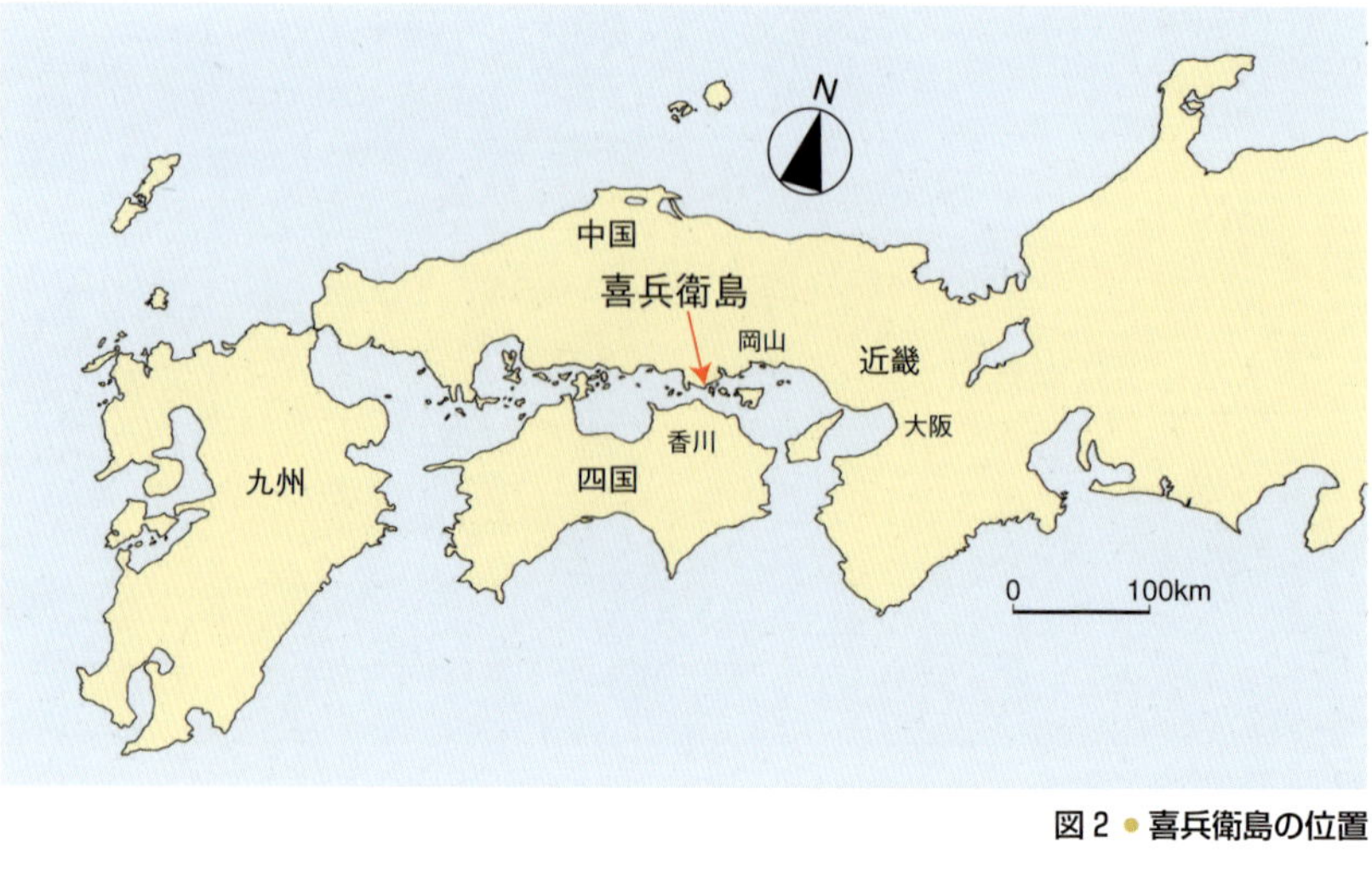

図 2 ● 喜兵衛島の位置

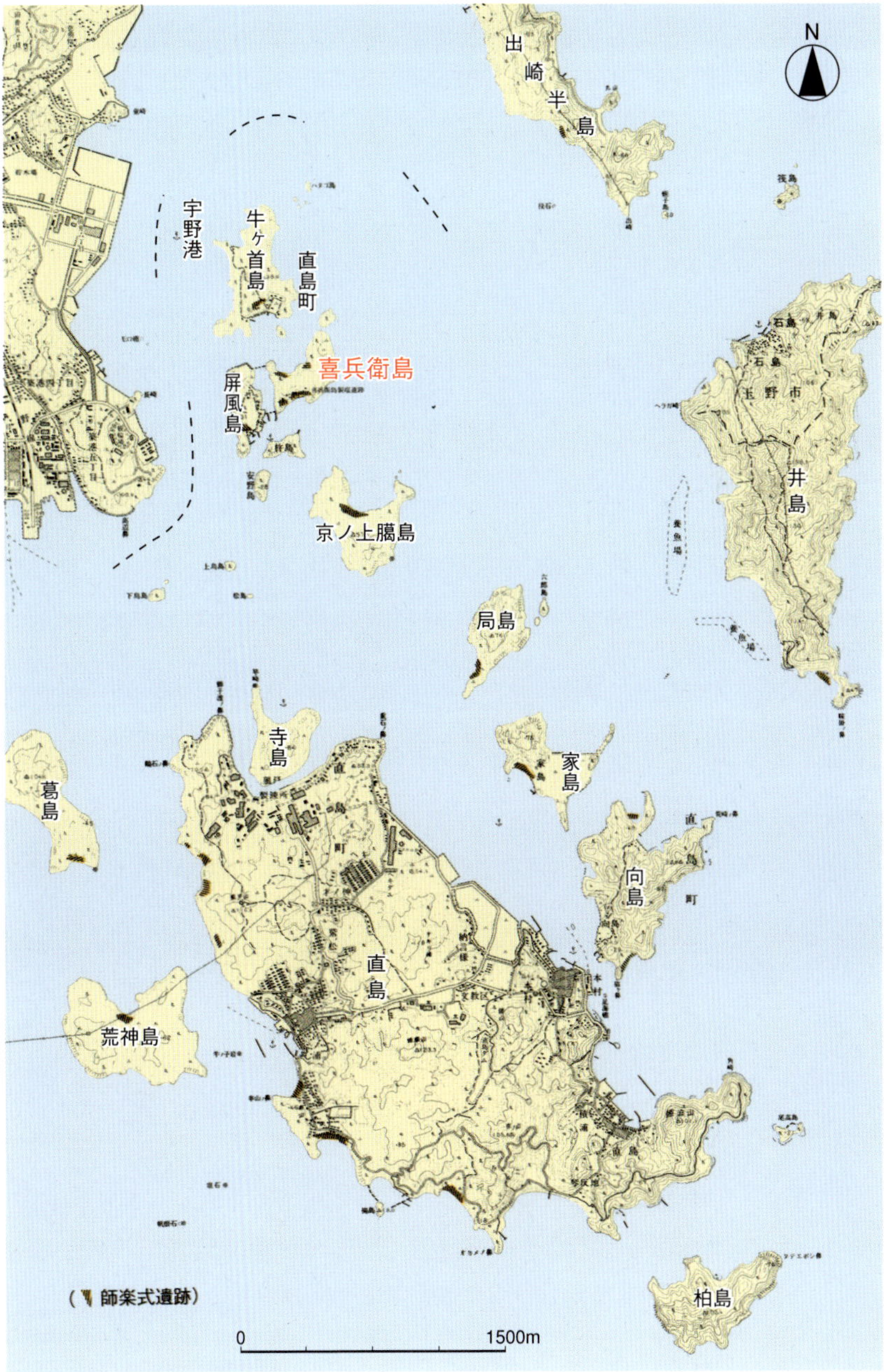

図3　直島群島の中の喜兵衛島

さん。早くも七、八基の小形の墳丘が見える。「本当だ」と、みな急ぎ足で古墳に近づく。古墳の頂は崩れたり穴が開いていたりして、石採りか盗掘がなされた跡を示していた。数えると一〇基ほどが見えるが、もう数基が草叢に隠れていたりしているかもしれないし、島の他の尾根にもあるかもしれない。ここで僕は杉野さんにシャッポを脱いだ。これをどう考えるか、大変なことになりそうだ。ここではその前に、無人島喜兵衛島（近年、島の東端に石切の一家が住んでいたことがあるが）の位置・地形と遺跡分布を、地図を使って説明しよう。

喜兵衛島

喜兵衛島は、いま香川県香川郡直島《なおしま》町に属しているが、岡山県本土に近く、先に触れた宇野港から焼玉《やきだま》エンジンの付いた小舟が一五分ほどで達する距離である。東にかなりの距離を置いて玉野市出崎《でさき》半島が南に伸び、喜兵衛島のすぐ西に屏風《びょうぶ》島、北に牛ヶ首《うしがくび》島、南には京《きょう》ノ上臈《じょうろう》島・局《つぼね》島・家島・向島の小列島が並び、それらの南西に直島本島がある（図

図4 ● 直島群島
岡山県側から四国方面を望む。

3・4）。本島を除き、ほとんど平地（農耕地）をもたない。その半ばは、調査当時無人島で、屏風島・牛ヶ首島・局島には少数の漁民が小さな菜園を作って住んでいた。

本島には小学校・中学校その他の教育・行政施設があり、高校生は玉野市の高校に通学するものが多い。島の北部に銅の精錬所があり、町の経済を支える一方、その有毒煤煙は島々の樹木等に多大な被害を与えていた。近年環境問題で有名となった豊《て》島に放置された莫大な産廃の堆積が、香川県民の強い抗議により、この直島に作られた浄化処理の施設で処理されている。

さて喜兵衛島は、「最高地点が海抜四五メートル、老年期の丸みを帯びた花崗岩山地」（『喜兵衛島』一九九九年）で、岬などを除くと、東西約四五〇メートル、南北約二〇〇メートルの小島である。島の尾根の部分は波によって海崖となり、小さな谷の出口部分には南北各二つの東西の砂洲が形成され、砂浜となっている（図6）。ごく少量の畑作物は別として農業などできる土地でないことは明らかだ。南東浜には小さな潟湖（ラグーン）の名残があり、葦などを見せていた。

図5 ● 喜兵衛島南岸
右側の広い砂浜が南東浜。左のやや狭い浜が南西浜。

喜兵衛島古墳群

古墳は計一六基で、南西の浜を谷沿いに少々上がった斜面から一部尾根にかけて一三基が、東にやや離れて一基が、さらに五、六〇メートルほど東の、南東浜の西側を登ったテラス上にもう一基が、またずっと離れた北西浜西側の尾根の突端近くに一基が見られた（図6）。一三基の群の一番高い位置の一三号墳が小形の「竪穴式石槨」をもっていたほかは、すべて横穴式石室を埋葬施設としていた。そのほか、箱形組合せ石棺三基が見られたが、それら石棺は盛土を伴わず、たまたま発見されたので、同様なものがどのくらい造られたかは不明である。

さてこういうことが判ると、この島は例外の島であって、付近の大小の島々の人びとから墳墓の地にされたのではないかという疑問が生じた。早速その日のうちに北の牛ヶ首島、

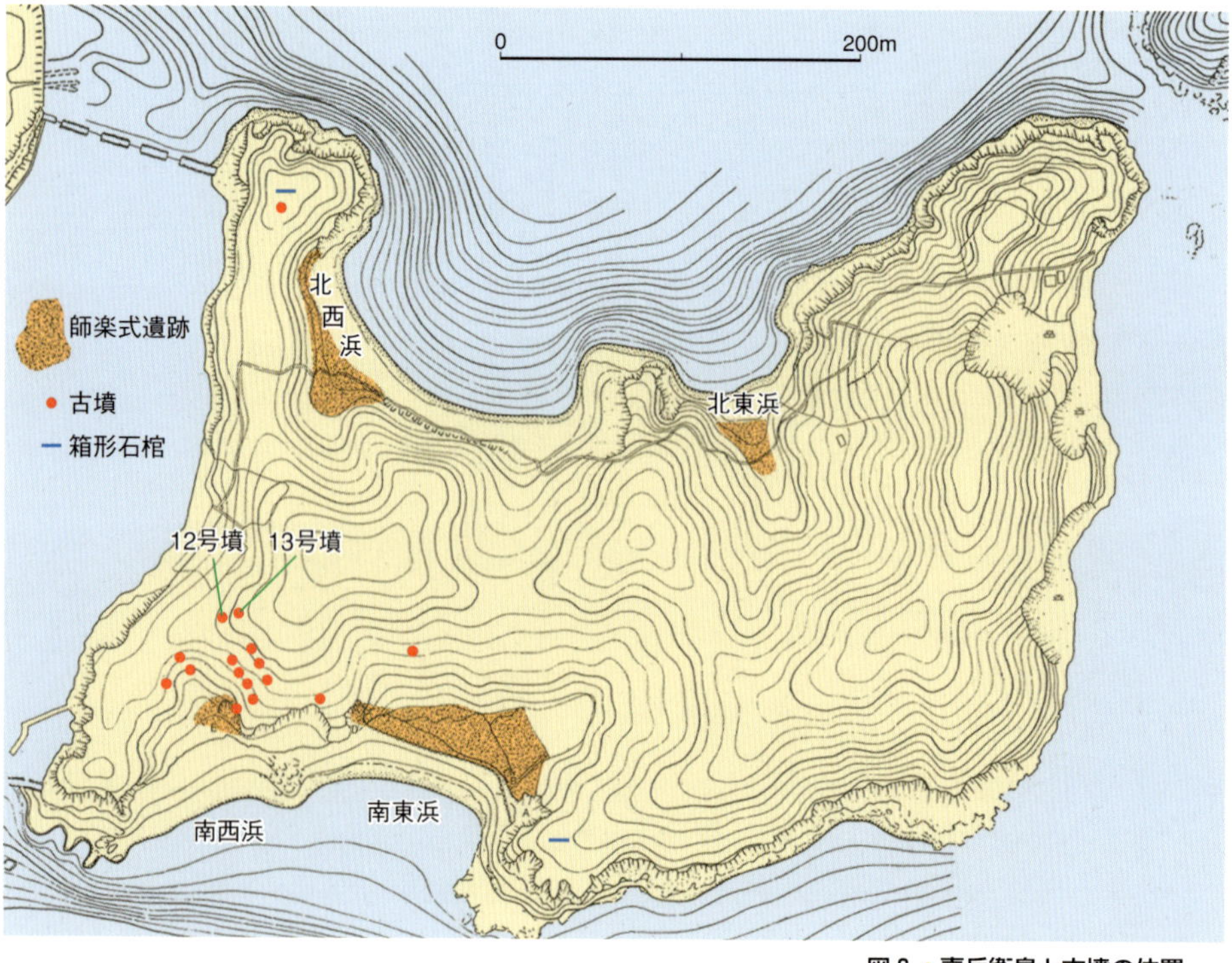

図6 ● 喜兵衛島と古墳の位置

西の屏風島、南の京ノ上臈島・局島を例の小舟でめぐり、山に分け入り、岬を探し、大小や数を問わなければ、どの島にも幾つかの古墳が造られていることが判った。島には、それぞれに人が住み、それぞれに古墳を造っていたのである。しかし横穴式石室の群ということになると、喜兵衛島に優る島は直島本島を含めても認められなかった。古墳に関しては、あたかも喜兵衛島が盟主であったようである。

これら古墳について話を進める前に、島に到着してすぐ僕らの目に入ってきた浜いっぱいに「散乱するおびただしい土器片」に関連する事柄を紹介し、説明しておこうと思う。

2　あんごう島の謎

師楽式土器

浜に散らばる師楽式土器と呼ばれる土器片は、僕らにとって「性格不明」「用途不明」「年代不明」な代物《しろもの》であったが、もちろん人が残したものであるから、ことによると古墳と関係するかもしれない、と考えるのにそれほど時間は要らなかった。

そもそも師楽式土器という名称の名祖《なおや》遺跡（名前のもとになった遺跡）は、岡山県邑久《おく》郡牛《うし》窓《まど》町大字師楽《しらく》にある遺跡である。昭和初年、水原岩太郎さん、時実《ときざね》和一さんなどの吉備考古会の中心をなす人たちが、そこの畑地を発掘し、おびただしい土器破片を発掘し、時代や用途が判らないままに、それ以前から知られていた知識も加えて師楽式土器と呼び、孔版《あなばん》（謄写版《とうしゃばん》）

による大著『師楽式土器図録』を編纂刊行した。喜兵衛島を訪れたころの僕は、師楽式土器という名称やこの『図録』の存在は知っていたが、図録は当時数少ない貴重品となっていて、読んだことも見たことさえもなかったし、直ちに水原さんや時実さんにお尋ねして教えを請うことにも気が回らなかった。

水原さんや時実さんは、師楽式土器の遺跡は発掘すると土器片がおびただしく出土するのに、平地の集落遺跡ではめったに出土しないことから、それが出土する遺跡はその土器を焼いた窯跡ではないかと考えられた。ほかにもいろいろと考えを巡らされたけれど、ついに窯跡説から出ることはなかった。

あんごう島

窯跡説とかかわるのかもしれないが、僕たちは、付近の島々の人びとが時に喜兵衛島を「あんごう」島と呼んでいることを、まもなく知った。「あんごう」というのはこの土地の方言で、漢字に書けば「暗愚」であろう。『喜兵衛島』という発掘報告書には、浜に師楽式土器片が散乱する巻頭写真を載せ、その下方に、

喜兵衛島　またの名をあんごうじまという
むかし　暗愚のひと住みて
土器《かわらけ》を焼きては棄つるをくりかえし
暮した　と伝う

図7 ● 浜に散乱する師楽式土器片
（大野智久氏撮影）

とある。これは「暗愚のひと」が師楽式土器を作っているのを見た人が作った文でも、大昔から伝承された民話でもないことは明らかであった。波浪で崩れた砂洲の断面に露出した師楽式土器の莫大な破片や、特に敗戦直前に陸軍船舶兵がその舟艇を掩蔽《えんぺい》するために、浜と尾根部の境辺りに長さ一〇メートルほどを掘った何条かの壕によって露出した師楽式土器のおびただしい破片と、それが浜一帯に散乱したさまを見聞きした島々の住民が抱いた感想であろう。

僕たちは「あんごう」の残した土器、師楽式土器や彼らが残したものかもしれない古墳の発掘にすぐにも取りかかりたかったが、この年の八月一五日から僕は、岡山県飯岡村月の輪古墳を村中の人たちと一緒に発掘する計画を立て、当時その準備にかなりの程度没頭していた。喜兵衛島の「あんごう遺跡」の究明はしばらく先である。

3　発掘開始

地元の人たちと共に

一九五四年三月二四日、前年の暮れに月の輪古墳発掘が終了し残務を片付けた後、喜兵衛島発掘の準備にかかった。月の輪古墳発掘のメンバーの一部に、玉野高校を中心とする教員・生徒、地元玉野市その他の面々が加わった。先生株として前者には学生の神原英朗《こうばらひでお》・岡本明郎、高校教員の小野一臣《かずおみ》の皆さんが、後者には中学校教員の水内昌康《みずうちまさやす》・国定啓司《くにさだけいじ》・光畑正夫《みつはたまさお》などの玉野高校の教員の皆さん、それに玉野高校その他高校の生徒諸君で、その他短期間参加の大森茂・中島寿雄《としお》・今井堯《たかし》・大《おお》和《わ》久《く》震平《しんぺい》・荒木弘などの皆さんである。

舟と宿舎と食事

このように参加者の顔ぶれは揃ったが、問題は舟と宿舎と食料である。幸い隣の屏風島の店屋のおじさんが焼酎・駄菓子・日用品の仕入れにほぼ毎日玉野市に出かけるので、発掘に来る人も、帰る人も、買出しにもそれに便乗するように契約した。時間合わせ待ち場所探しがなかなか難しかったが、いつしかそれにも慣れてしまった。数家族の漁民が屏風島に住んでいるだけだったので、宿舎もたいそう困ったが、屏風島と喜兵衛島の間がはまち養殖のイケスとなっていて、管理人のご老体の夫婦が、さして広くもない家の六畳二間を提供してくれたので、安堵した。しかし、その後何シーズンか後、ご夫婦は郷里へ帰るため離島されたので、その後の僕らの宿舎探しは相当に困難を極めた。ある時は漁師の網小屋に、ある時は空き家に、またある時は小学校の空いた教室にさえ宿泊し、自炊した。

図8 ● **宿舎のあった屏風島**
中央の平屋の右半分が当時の宿舎。

図 9 ● 干潮の浜伝いに遺跡へ

自由に使える資金はごく僅かだったので、食料は自弁であった。発掘参加の各自が米一日三合あたり、副食は適宜干物や缶詰二、三個持参、ということを一応取り決めたが、忘れる者や知らないで来る者がいて、大変な事態になることもあった。僕は小魚の炒《い》り子を仕入れ、フライパンで醤油・砂糖に加えて唐辛子をたっぷり混ぜ、油炒めする料理が得意で、おかずに困ると、その炒り子唐辛子炒めをご披露した。皆さんまたかと嫌な顔をしながらも、食を弾ませていた。また養殖のはまちの餌の小あじや小いわしの冷凍パックのはみ出した箇所を「はまちに悪いな」など言いながら失敬して、焼いたり煮たりして食べたこともあった。発掘の初期・中期ごろまでの話である。ごく初期には、屏風島に電気は引かれてなかった。

4　古墳と師楽式遺跡の関係——一三号・一二号墳の発掘

調査団の当初の目標であった古墳群の解明は、図6に示したように群としてもっとも高い尾根に築かれた一三号墳と、接してその下方に築かれた一二号墳から始まった。以下やや詳しく両古墳について発掘の結果を説明しよう。

一三号墳

喜兵衛島の古墳は花崗岩の風化土壌をもって盛土されていることに加えて、風雨浸食を受け、さらに石採りに遭い、流土がすさまじく、すべて墳端が明瞭でないので、墳丘の規模を正しく

図 10 ● 13 号墳の墳丘
古墳群中もっとも高い所に営まれている。
奥に見えるのは 12 号墳。

図 11 ● 13 号墳の「竪穴式石槨」

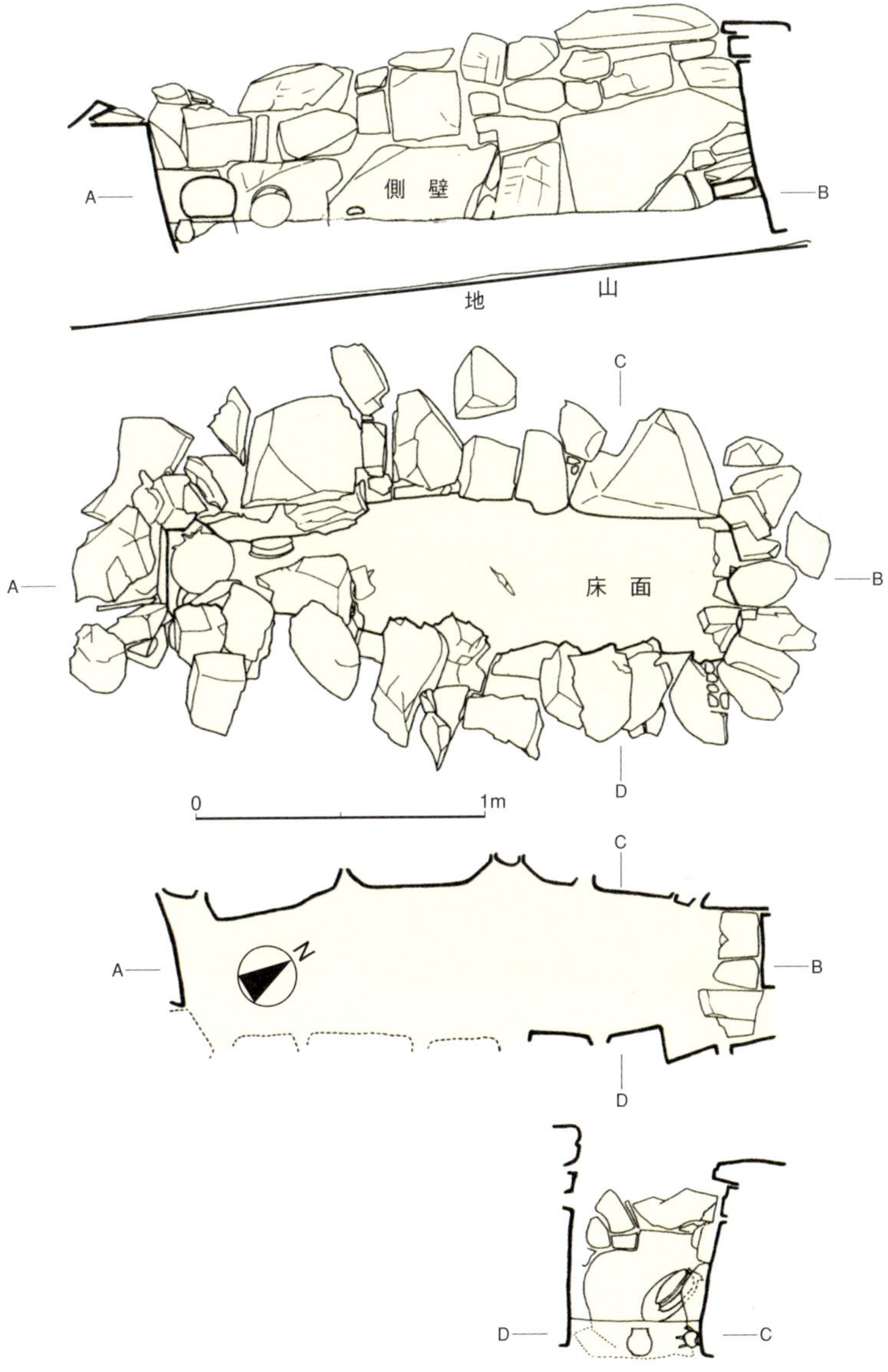

図 12 ● 13 号墳の石槨の構造
大小の花崗岩の割石を積み上げている。
蓋石は見られない。

測ることは困難であった。一三号墳は「推定径約九メートル」、傾斜地であるため、その上下で高さはひどく変わる。上方からは平らに見えるが、下方からは墳長まで高さ約一・五メートルである。埋葬施設は、蓋石を欠く小形の竪穴式「石槨」であるが、図12のように下方に大きな石を置き上方に小形や平たい石を積んでいる。箱形組合せの石棺の一種と呼んだほうがよいのであろうか。蓋石は石採りに取られたか、もともと木蓋だったか不明である。側壁の一部は崩落していた。内法で長さ約二メートル、中央辺りで幅約六〇センチ、北東端で幅約四五センチ、壁の一番高いところで約七〇センチである。

床面と思われる箇所で副葬品が発見された（図14）。僕たちをもっとも驚かしたのは、須恵器の提瓶《さげべ》・蓋坏《ふたつき》とともに師楽式土器の完形品が出土したことであった（図13）。蓋坏はＭＴ15型式で、提瓶も同型式のもので、以下述べる十数基の古墳出土の須恵器と較べるとやや古い型式である（第4章第1節を参照）。良質な須恵器で、喜兵衛島で製作されたものではない。これら須恵器と一部の土師器《はじき》は、島外から移入されたものに違いないと思った。師楽式土器の完形品は誰も見たことがないので、調査員一同ひどく興奮した。それは肩を作り出した小形品で、口径八・六センチ、器高一〇・三センチ、腹部径一二・一センチである。口縁から肩にかけた外面に並行タタキが施される。

これで須恵器と師楽式土器の共存が確かめられたのだ。それはもちろん、古墳を造ったのが

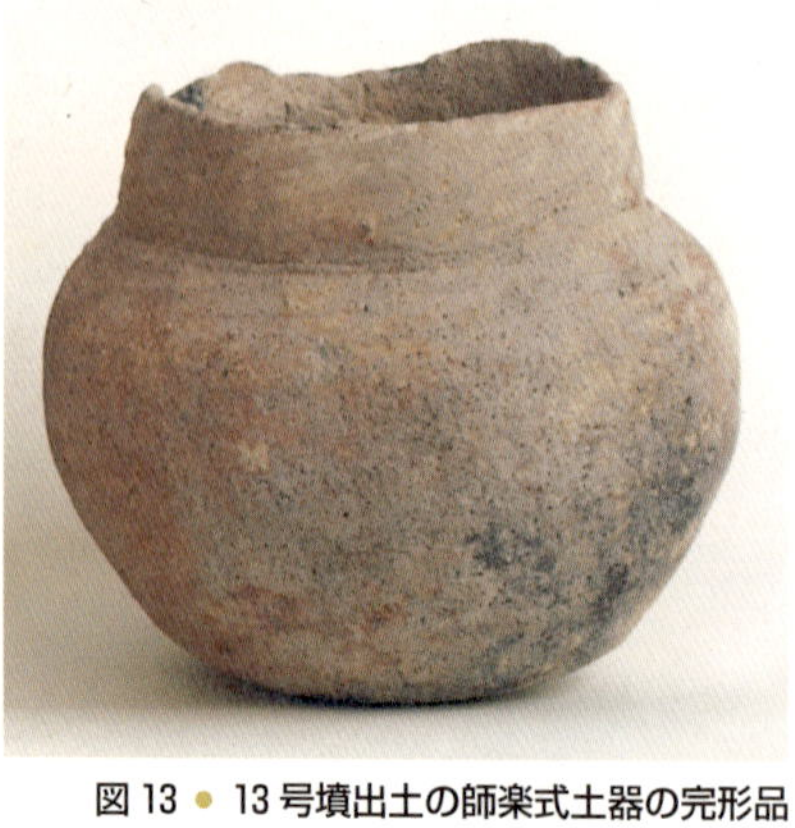

図13 ● 13号墳出土の師楽式土器の完形品

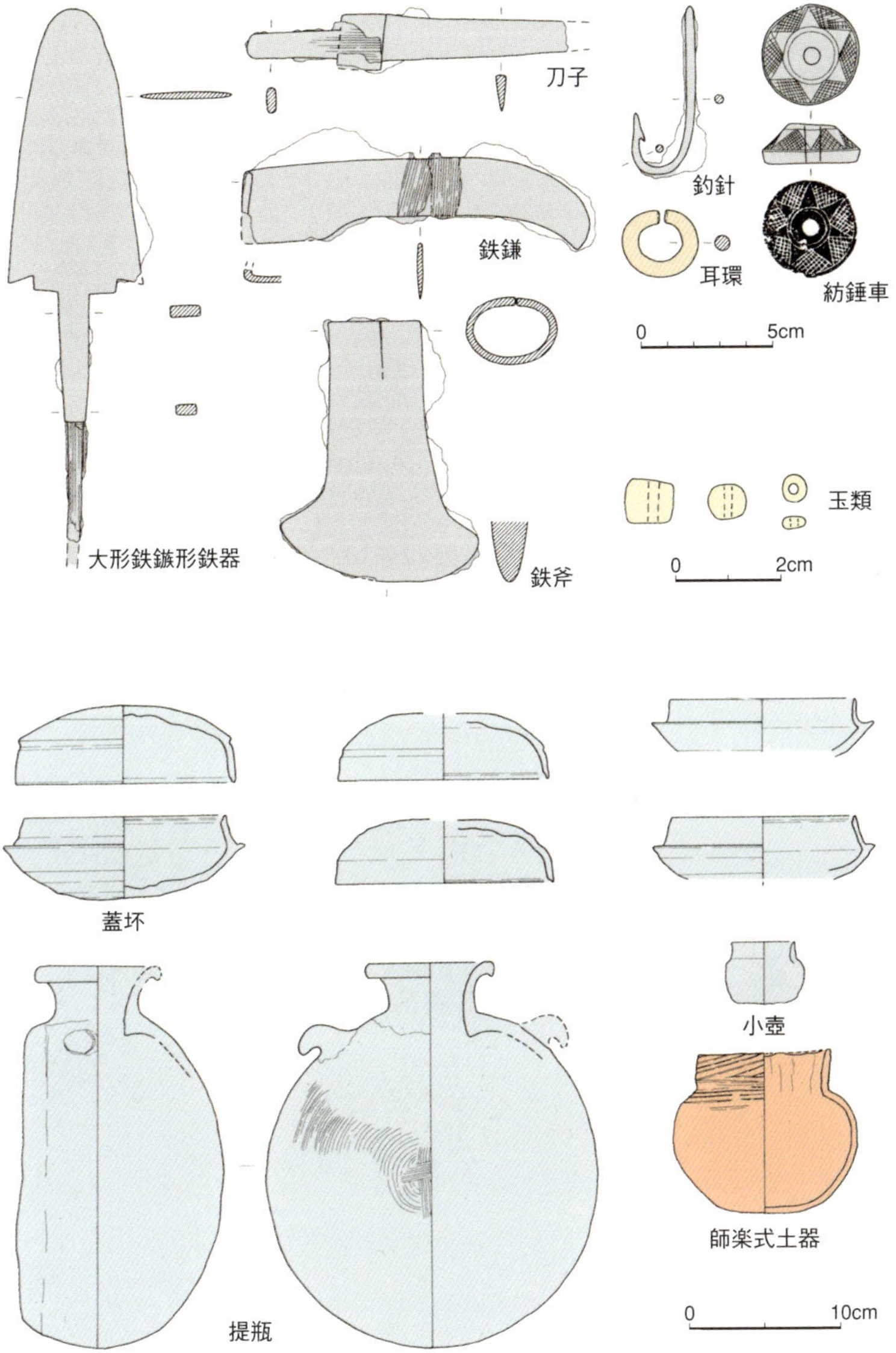

図14 ● 13号墳の副葬品

師楽式土器を使った人びとであることを予測させるものであった。そうであるにしても、師楽式土器は何に使われたのであろうか。一三号墳からは土師器が発見されなかったので、ことによると、本土の土師器に代わるものとして副葬されたか、という思いがよぎった。副葬品には大形鉄鏃《てつぞく》（銛先《もりさき》か）形鉄器・刀子《とうす》・鎌・斧・釣針、一六七個の練《ね》り玉が出土し、墳丘表面の採集品として鋸歯文が刻まれた滑石製紡錘車《かっせきせいぼうすいしゃ》と耳環《みみわ》各一があった（図14）。うち釣針は、屏風島の漁師浜本さんによると、鯛釣り用のものという。浜本さん使用の鯛釣針と寸法から形まで同様であったので、一同びっくりした。

一二号墳

ついで一二号墳の発掘にかかった僕た

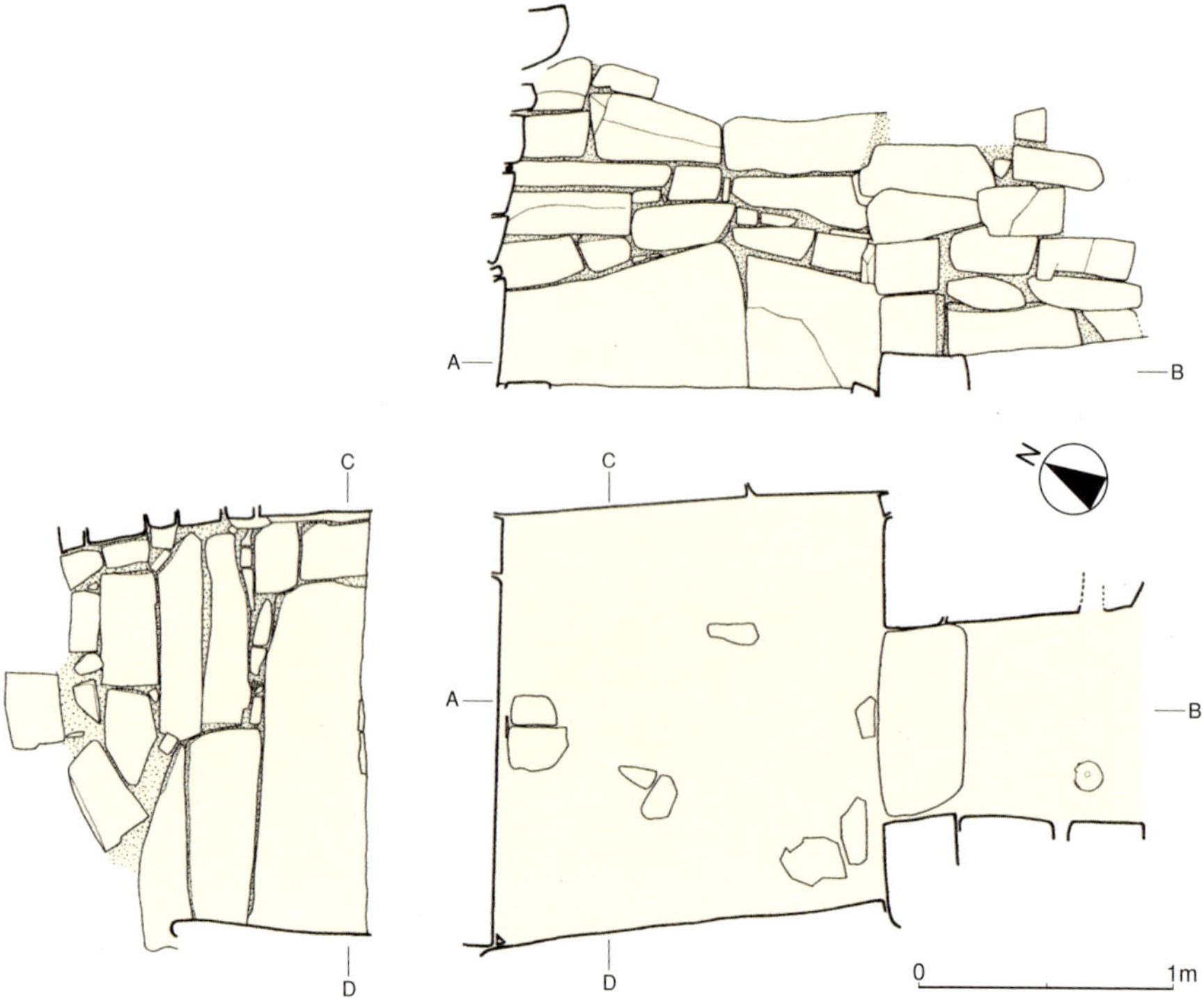

図15 ● 12号墳の横穴式石室
13号墳の下方の尾根に石室入口を東南に向けて築造された古墳。

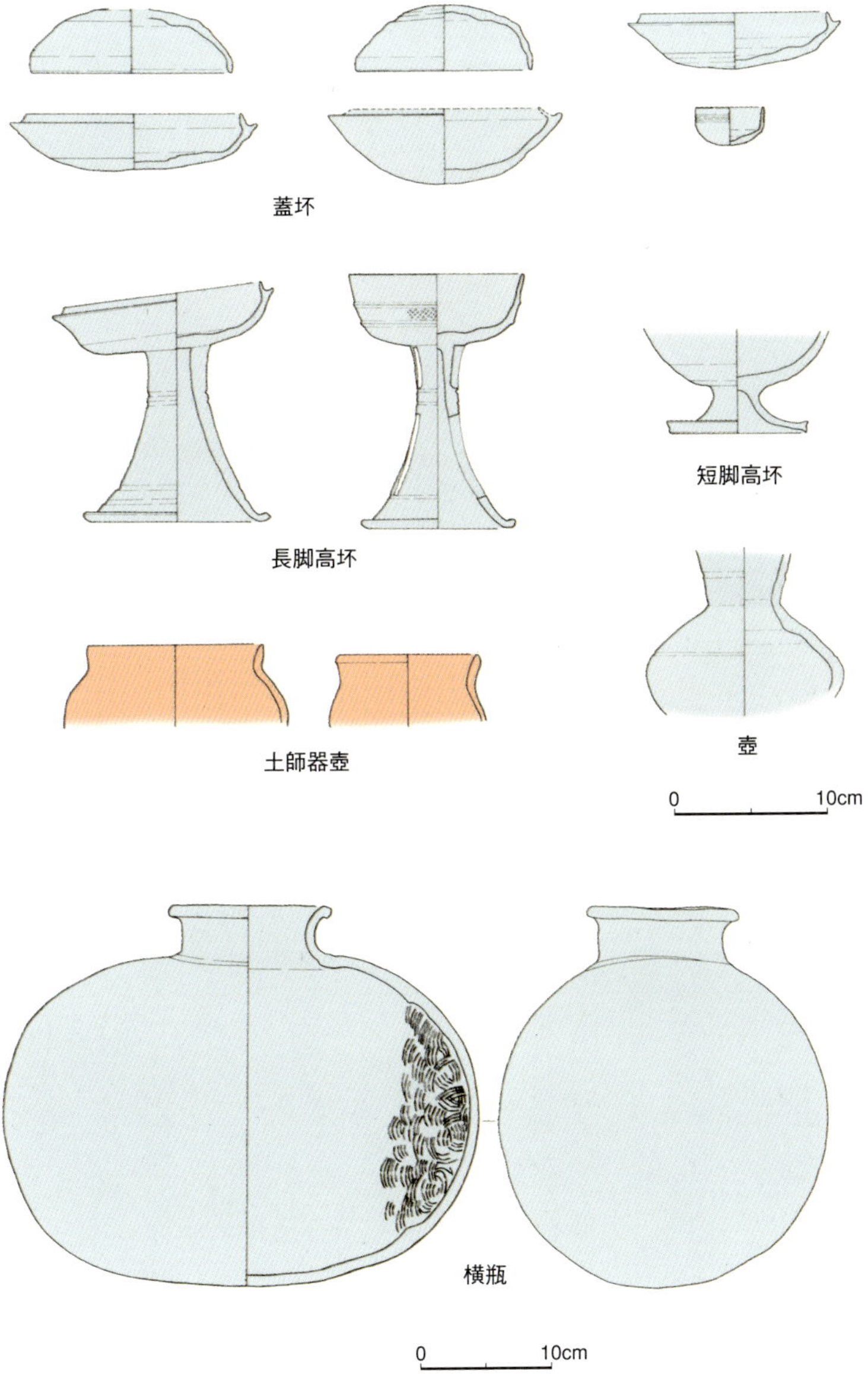

図16 ● 12号墳出土の土器

ちは、そこで須恵器、師楽式土器小片とともに小形壺形の土師器を見出した。これで三者が共存すること、土師器と師楽式土器とは異なるものであることが判明した。しかし後に、浜の師楽式遺跡の発掘で、島外から入手した土師器と師楽式土器の製作者がややぎこちなく作った「師楽式土師」があることが判った。須恵器には蓋坏・短脚高坏・長脚高坏・壺・脚付壺・器台などがあった（図16）。一二号墳からは他に平根《ひらね》式鉄鏃・刀・刀子・耳環とみられる鉄環残片が発見された。

これら副葬品にも僕たちは驚いた。なんとこのような小島に住む人たちが武器をもっているではないか。それは刀と矢鏃《やぞく》である。また耳環を着け、練り玉で飾っているではないか。一三号墳と合せ考えると、釣針で魚を獲り、鎌や斧で草を刈り立木を倒し、何か小屋掛けを作り、舟を作るか修繕していたのであろう。また刀を帯び矢鏃を携え、土製の練り玉や耳環で身を飾っていた人物もいたのである。

一二号墳は径約一〇メートルの墳丘で、古い石室によく見られる平面方形の玄室に短い羨道のついた横穴式石室をもつ（図15）。天井石は石採りですべて失われており、先の鉄器類も散乱していて、盗掘もなされたようである。石室全体の長さは約三メートル、玄室の長さ・幅とも約一・八メートルである。羨道前は前庭部をなし、もと羨道閉塞石の残骸と思われた中小の角礫がみられ、また先に述べた須恵器・土師器・師楽式土器の破片が、中には須恵器完形品も含めて散乱して認められた。

第2章　海辺の遺跡

1　南東浜の発掘

Cトレンチ、続いて舟艇掩蔽壕の断面調査

二基の古墳の発掘に並行して、おびただしい師楽式土器の散らばる浜の発掘にとりかかった。南東浜（図17）にCトレンチを設け発掘を試みると共に、同じ浜および南西浜の舟艇掩蔽壕《えんぺいごう》の断面（当時カッティングと呼称）を手分けして、清掃と観察・測図にあたった（図18）。Cトレンチは幅約一メートル、長さ約三・三メートルの小トレンチで、タタキ面や柱穴状の跡を見出し、さらに多数の師楽式土器、土師器らしい一片、須恵器一片を発見した。古墳の場合と同様、ここにも師楽式土器と須恵器の共伴があった。それは壕の断面においても認められ、師楽式土器の時期の一点が前方後円墳時代後期に属することが古墳においても遺跡においても明らかとなった。これで喜兵衛島遺跡群発掘調査の第一の基礎ができた。

図 17 ● 南東浜

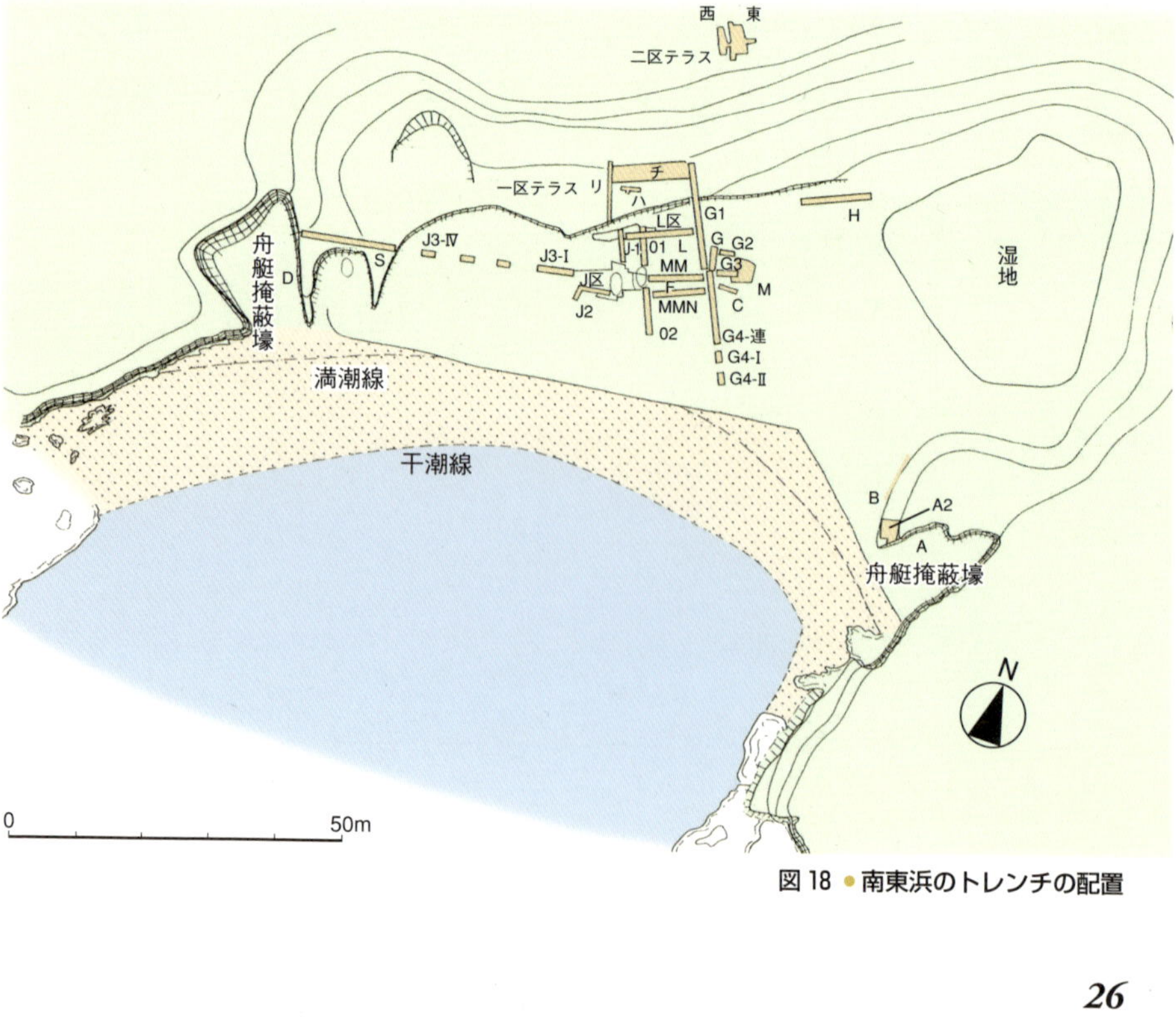

図 18 ● 南東浜のトレンチの配置

追跡一二年

喜兵衛島遺跡群の発掘は、古墳も含め、年一〇日ないし二〇日くらいの割で一二年ほど続いた。その結果、師楽式遺跡では多くのトレンチや拡張区を掘り進め、順を追って話をしていくにはずいぶん複雑なことになると思われるので、やがて判明していった師楽式遺跡構成の幾つかの要素、土器層、タタキ面、炉址・居住址、食料残滓廃棄層について別々にまとめて述べていくことにしよう。

2　貝塚の貝層のような土器層

師楽式土器

師楽式土器は、古墳に供えられたもの以外は、すべてが破片として発見された。容量の多少はあるが、喜兵衛島で普通に見られるものは口径一五センチ前後、高さ一〇ないし一五センチほどで、手作りのやや粗末な土師器風な焼きの褐色の土器である（図19）。粘土に砂粒を多く含ませ、器表面に指痕の凹凸が残ることが多いが、その上に平行線状の叩き締めの痕が見られるのが普通である。器内面は水が漏れないように指先や貝殻で平滑にこすって目潰しがなされている。叩きの痕以外に文様のようなものはなく、一見すると「粗製」土器めいているが、むしろ「簡略作製」の土器と見たほうがよい（図20）。つまり液体の煮沸に適合し、多量製作で作られた土器である。したがってその個々は毀《こわ》れても必ずしも惜しくもないようなものとして

図 19 ● 古墳から出土した師楽式土器の完形品
左：6 号墳出土、右：13 号墳出土。

図 20 ● 師楽式遺跡から出土した薄手小形師楽式土器片
（図 74 のV式）

作られた。肌の色は褐色を基調として様々である。一三号墳で完形品が発見されているが、古墳副葬品以外に完形で見られることはほとんどない。それでは土器層の話に移ろう。

図21の写真を見ていただこう。重なり合うかけらはすべて師楽式土器の破片である。貝塚を発掘すると、貝殻がびっしり堆積している箇所がある。そうした堆積層を貝層と呼ぶ。それに土が多少とも混じっている層は混土貝層といい、土層に多少とも貝殻が混じった層を混貝土層と呼んでいる。これと同様、土器片が土層の中にびっしり堆積し

図21 ● 土器層
G1トレンチ

ている場合、喜兵衛島では土器層と呼ぶことにした。身を取り去った貝殻が不用品として棄てられたように、土器層の土器片も役目を果たして後棄てられたものと、僕たちは考えたわけである。そこで僕らの関心は、師楽式土器は何にどう使われたかということに移った。

師楽式土器と師楽式遺跡の特徴

前に述べた点と少し重なるかもしれないが、かいつまんで述べてみよう。先ず師楽式遺跡は、特別に平野部や山間地に運ばれた以外は海浜にあり、しばしば土器層を伴っている。師楽式土器は大量に作られ、大量に消費され、大量に棄てられる。どうやら「あんごう島」の主の面影がここにある。とすると問題は何に使って「消耗」されたのかということになる。師楽式土器は文様も付けられない「簡略」な土器である。強い加熱に耐えられるように器壁に小石の粒、つまり細礫を多く含んでいる。一つの土器層、あるいはある時期に属する師楽式土器はおしなべてほぼ同一な容量と器形をもっている。また、炭や灰の層を伴うことがしばしばである。使用にあたって火が焚かれ、容れられたものが熱せられたのである。そのため師楽式土器破片は脆弱《ぜいじゃく》となっていて、細片化や剥離する割合が非常に高い。

僕らはこれらのことから、師楽式土器の用途を考えようと努めた。高校生から市役所吏員・元会社員、大学生から小学校・中学校・高校教員、大学助手を含むさまざまな発掘参加者から、「魚じゃないか」、「貝じゃろうが」、「海藻かな」しまいには「蛸《たこ》じゃ烏賊《いか》じゃ」と思いつくままの意見・提案が勝手気ままに出された。どれもこれも海で獲れるものであるが、皆が納得する説明はできない。何日間か現場でも宿舎でも議論が繰り返されたが、ある日、当初から参加していた岡本明郎君から決定的な説が出された。「それは塩じゃろう」、つまり相手は海そのものであるというわけである。それは正に「コロンブスの卵」的解決だった。そう考えれば、師楽式遺跡・師楽式土器の特徴の一つひとつが、誰にも思い当たる。

師楽式土器は製塩土器

素焼きの土器に海水または鹹水《かんすい》（特別な方法で海水を何倍かに濃縮したもの）を容れ、火にかけて煮沸する。濃縮して、しまいには塩がとれるというわけである。海水は濃縮されるにつれ、結晶を析出する。その最大最多は塩化ナトリウムつまり食塩で、それは立方体の結晶を作る。素焼きの土器だから海水は土器の器壁にしみ込み、外面まで透る。火で焚くわけだから、内部に濃い鹹水が生じるにつれて、器壁内や外面にも塩化ナトリウムの結晶が析出する。結晶は生じる折、エネルギーを出し固体に転ずる。その結果、器壁が割れたり、剥がれたり、全体的に脆弱となる。

師楽式土器がしばしば砕片となり、完形ないし完形に近いものがほとんど発見されないのはそのためである。つまり師楽式土器は製塩の作業において一回しか使用できないのである。師楽式土器を毎回一個ずつ煮沸することはしないだろうから、後に発見された炉址の形や大きさが示したように、数十個を同時に加熱したに違いないと考えられた。これで土器層形成の問題は容易に解決された。ただ土器層に広狭・厚薄があり、面的な発掘がきわめて不十分だったためめ、一回にどのくらいの数の師楽式土器が使われたかは、炉の規模と土器の大きさからする数十個という推定以外は不明のままである。

土器層は長いもので数メートルの範囲に広がり、厚さ一メートル以上に達する場合も、二、三センチの場合もあるが、多くは厚さ一〇センチ前後から二、三〇センチが普通である。土器層にはしばしば炭層や灰層が伴っていて、土器の廃棄に前後して炭・灰を排出する作業が行なわれたことを示した。炭層や灰層には師楽式土器片をほとんど含まなかった。この辺りから本書でも師楽式製塩土器と呼ぼう。

3　タタキ面（＝作業面）の検出

タタキ面に気づく

一昔前には、多くの農家には玄関を入ると、室内作業を行なう土間があり、固く踏み固められていた。それはしばしば「たたき」と呼ばれた。発掘を進めるうちに、この遺跡にも固くしまった灰土面が拡がっている状況に気づいた（図22）。それは先ほどの農家の「たたき」と違って、灰と土が主体で、それに焼いて細かく砕いた貝殻・骨類（カルシウム）が混入した速断困難な土層をなしていた。厚い部分では三、四〇センチあるいはそれ以上もあったし、薄い箇所では数センチに数枚のタタキ面を観察できる場合もしばしばある。それらタタキ面は、どう見てもそこに何かを作ろうとして作られたものでなく、「自然に」作業面として踏み固められたものと考えられた。

灰土層

タタキ面がこのように認識されてから少し後に、僕たち調査団は南東浜遺跡のほぼ中央でそれにかかわるきわめて重要な遺構を発見した。それは次に述べる一基の炉址であるが、炉底から側面にかけて平らな割石を貼り、石と石の間にタタキ面の灰土とよく似た、いや同質の灰土をつめ、さらに側面が形成する堤状の高まりも同じ灰土で形成されていることを知った。つまり炉址の堤の箇所からタタキ面が発し、それが三方あるいは四方に伸び拡がっていることに気づいたのである。そしてその拡がりの他の端は、先に述べた土器層に達したり、炭層に連なったりあるいはそのまままで師楽式製塩土器層の上下に伸び拡がったりしている。

図22 ● 灰土層とタタキ面の重なり
G1・G4・MMトレンチの交点。

とすると、こんどは何故そのような特別な灰土が炉のまわりに拡がっているかが問題となる。そこで、これもまた炉と関係するに違いないと考えた。次の炉址の項でも述べることになるが、この灰土は炉の側方ないし上屋《うわや》の施設を形成していて、おそらく一回（または何回か）の操業の後、その施設の一部または全部が取り壊され、周り一帯に拡散されたのではないかと考えれば、すべて説明がつくと思った。何故そのような側や上屋構造を必要としたかについては、もう少しあとに述べるとして、次に炉址について述べよう。

4　炉址発見

炉址発見の端緒は、偶然のことながら、すでに当時から文献古代史の第一人者であった学友の門脇禎二《かどわきていじ》君によって開かれた。それは一九五六年の第四次発掘の七月の末、場所は暑い日に照らされた南東浜のほぼ中央の辺りであった。

門脇「おい近藤君、石があるぞ」

図23 ● MMトレンチの調査

近藤「どれどれ」

と近寄り石の輪郭を出し、

近藤「ここは俺がやる。君はあちらの方をやってくれ」

門脇君は「しぶしぶ」あちらの方に移動する。

僕は石の続きを追いかけ、それが炉址であることを突き止め、輪郭のほとんどを顕わした（図24）。門脇君の無念さぞかしと思ってはいけない。以後喜兵衛島の師楽式炉址初見の栄誉はわが門脇教授が担うことになる。

以来炉址は次々と発見され、発掘終了までに一〇基が発掘された。

炉址の構造

門脇君がその一角を発見した炉は、喜兵衛島の塩民が最後まで操業していた炉であったらしく、炉底、炉壁がもっともよく保存されていて、敷石もほとんど完存の状態にあった（図26）。その炉底面は周囲の堤のタタキ面から二〇センチほど凹んだ長円形を呈していて、底面は南北の長さ約二・四メートル、東西の幅は最大で一・一四メートル、

図24 ● 炉址1の調査

狭いところで約一メートルで、敷石は辺二〇センチ大が多いが、より大きいもの、より小さいものもある。堤側面の側石は底石にくらべ小さく、斜めまたは垂直に近く灰土に埋まるように置かれている。南端は底石・側石共に欠き、焚き口を思わせた。底面は平坦に作られているが、短軸で約六度ほど西に傾斜している。先に述べた灰土が、底面・側面とも石と石の間に詰められ、さらに側面を覆うように拡がり、タタキ面として作業面に連なっている。

炉とタタキ面と土器層

精査すると、堤を構成するタタキ面は何層にも重なり、それに応じて作業面としてのタタキ面も同様に何層にもなって続き拡がる。このようにしてようやく、炉とタタキ面と土器層との関係が、一皮一皮をむくように判明していった。

つまりこうである。炉の中に鹹水を容れた数十個の師楽式土器を置いて、炉南側から火を焚き鹹水を加熱煮沸

図25 ● 炉址とタタキ面

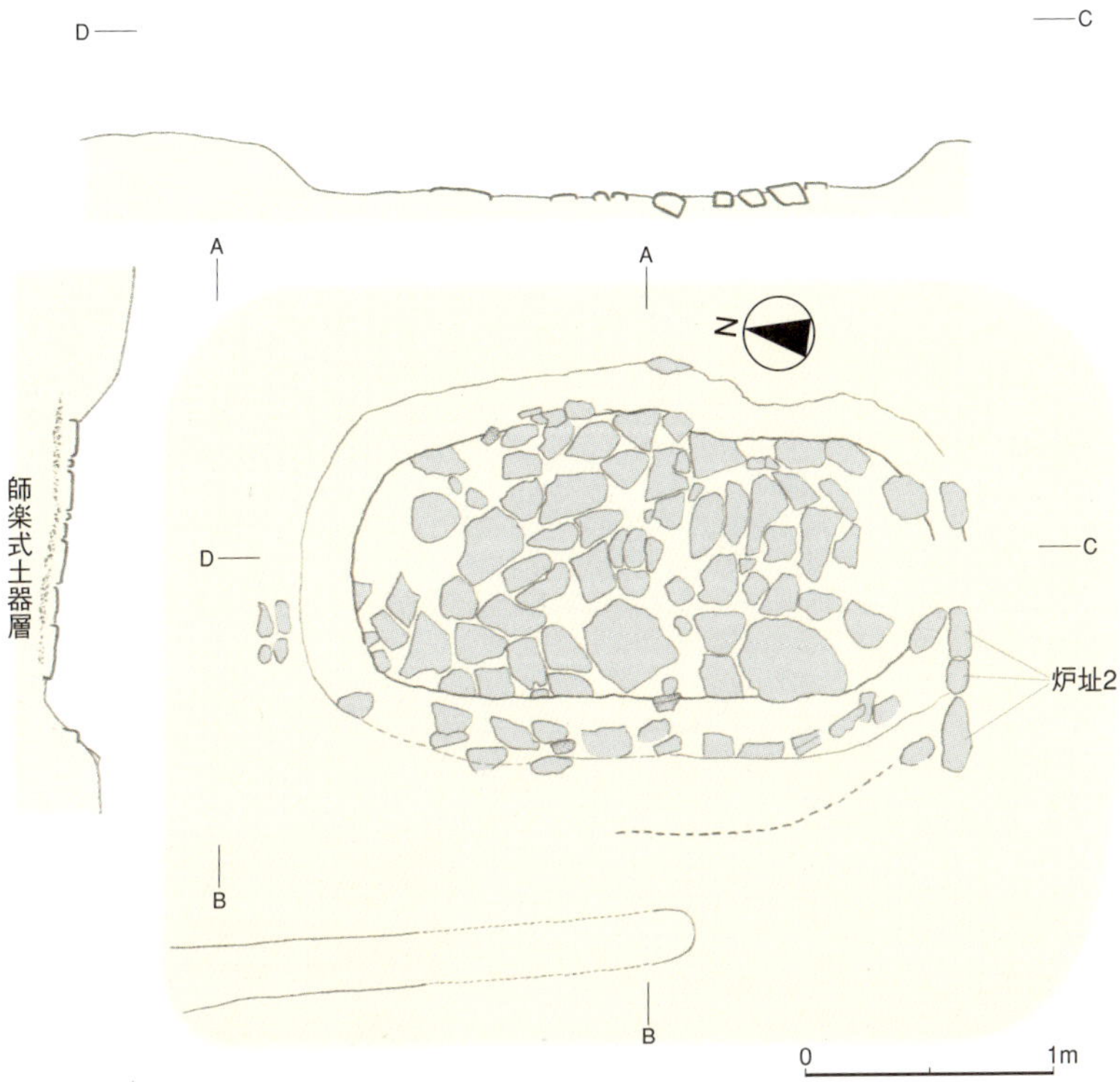

図26 ● 炉址1の構造

していく。水分はどんどん蒸発していくので、おそらく注ぎ焚きをしたと考えられる。この場合には当然に上屋はない。やがて塩の結晶が析出する。そこまでの作業を塩業の世界では煎熬《せんごう》と呼んでいる。先に述べたように塩の結晶は器壁を含めてあちこちに生ずるから、師楽式の容器はひびができたり割れ目が生じたりして、できた塩を取り出すころには二度と使えなくなる（図27）。そこで作業面を経てそれらの師楽式土器は棄てられ、土器層を形成する。炉の周りは作業のため人びとが歩き回って踏み固め、ナトリウム化合物やカルシウム化合物が飛び散ることは言うまでもない。作業面の灰土がどの時点でどうして炉の周りから土器層までの間に「拡がる」のかについては、もう少し先でお話ししよう。

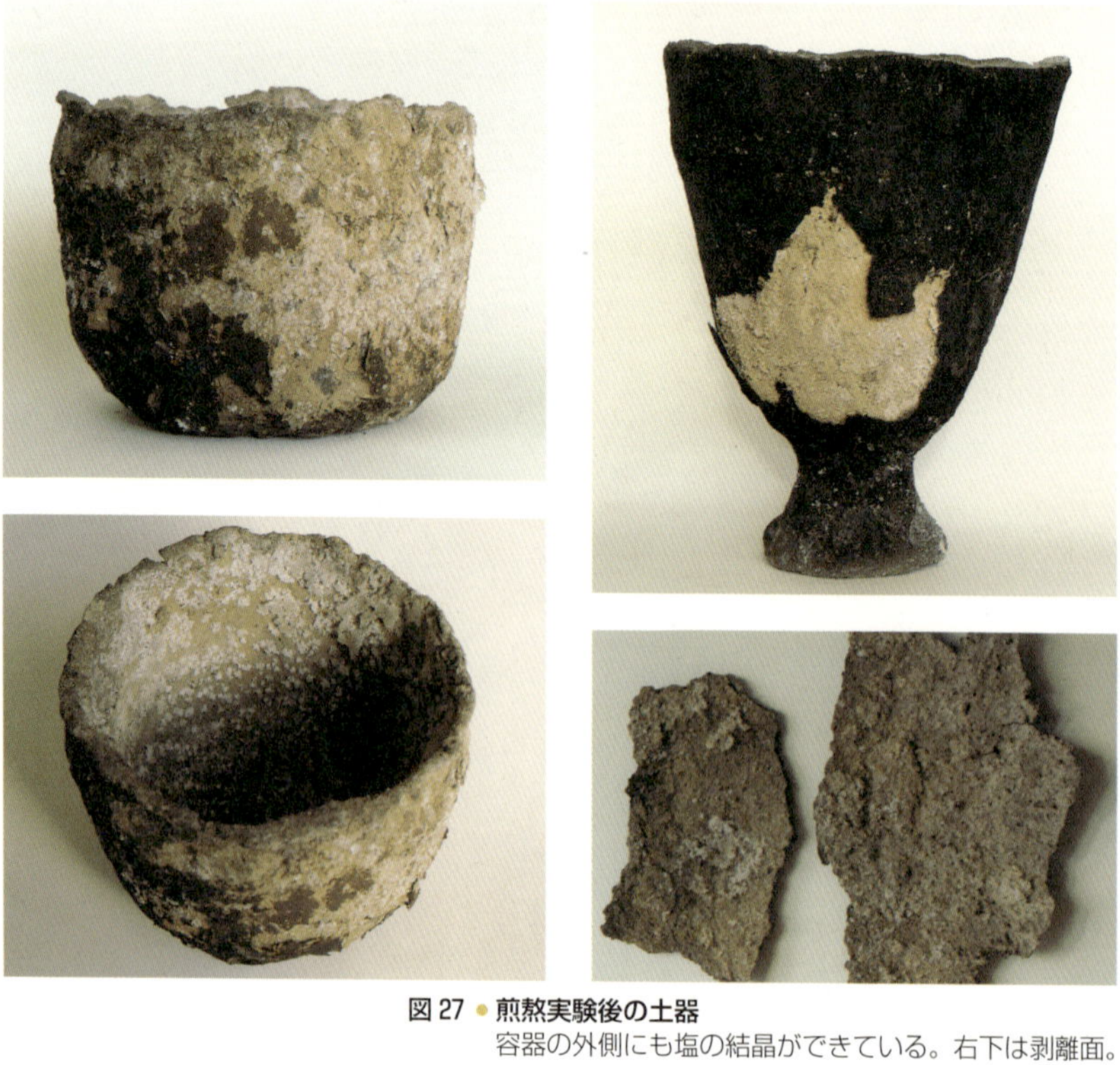

図 27 ● 煎熬実験後の土器
容器の外側にも塩の結晶ができている。右下は剥離面。

製塩炉址一〇基

製塩炉址は一九六六年の第一一次発掘までに一〇基が発掘されたが、ほぼ完存したものは最初に発見された例（炉址1）だけで、他は廃棄され、炉石で使えるものは次の炉に使われたらしく、まばらに石を残すだけのものもあった。規模・構造は大差ない。なお炉址1では、底面の炉石の下方に師楽式土器破片を敷き並べている様を観察したが、ことによると毛細管現象で下から上がってくる水分を遮断するためのものかもしれない、と考えた。しかし中には、敷石下に土器層が走っている場合も、土器片が見られない場合もあり、すべての炉址についてそのように考えてよいものかどうかは不明である。

5　塩民はどこに住んだのか

居住址はどこか

発掘開始して間もなく、師楽式土器を遺した人たちは何処に住んだのだろうか、ことによると別な島に住んでいて、製塩作業や墓つくりの折に喜兵衛島へやってきたのかもしれないという考えも、ときに頭をよぎることがあった。しかしこれほどの作業を行ない、横穴式石室をもつ古墳十数基を建造した人たちが、他の島からの出稼ぎとはおかしいと思い、師楽式遺跡に沿うようにして延びるテラスを調査することにした。テラスは幅五、六メートル前後の狭いものであったが、高さ四、五メートルを隔てて二面が認められた。

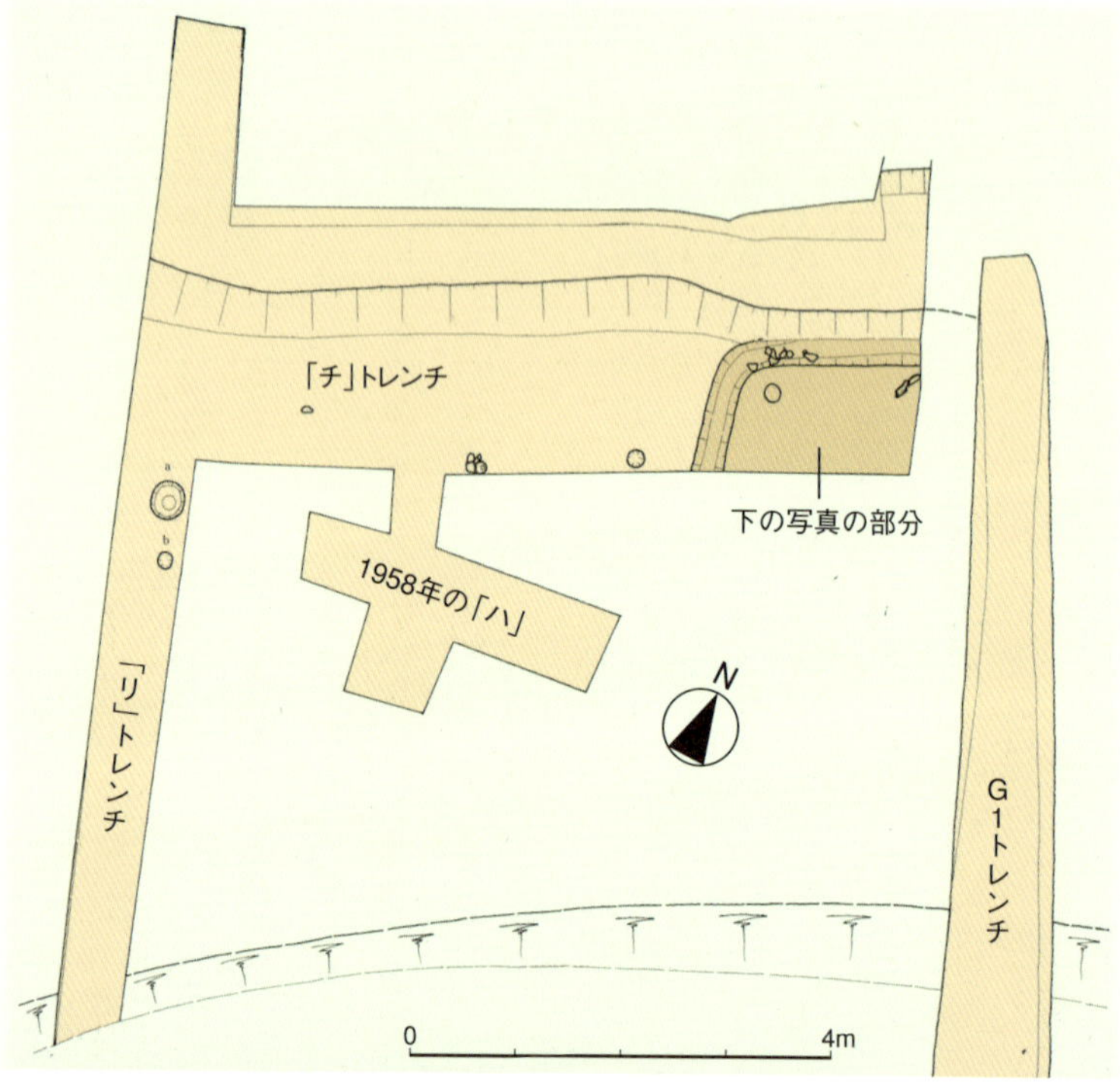

図 28 ● 一区下方テラス面の柱穴と溝

居住址の探索

発掘というか探索というか、それは一九五八年、一九六二年、一九六六年と飛び飛びに行なわれた。そこでは確たる輪郭をもった竪穴住居址は見出されなかったが、造成や削平の跡、溝、柱穴痕と見られる穴、踏み固められた固い床などが認められた（図28）。またそこには師楽式土器片は少なく、普通の生活があったことを思わせる甑《こしき》の把手《とって》部分などの土師器、甕・高坏・平瓶などの須恵器の破片が相対的に多く発見され、製塩作業を思わせる遺構は見られなかった。

このようにして僕たちは、ほかには考えられないという消極的根拠も挙げて、そこが喜兵衛島塩民の棲家《すみか》であるとほぼ断定した。それらは製塩の作業場をすぐ前面に控えていたとはいえ、想定される住居環境は相当に貧弱なもので、ことに墳墓の堅牢・大形に較べてその感は大きかった。

6　下層の師楽式土器層

土器層と古式師楽式土器

古式師楽式土器は、舟艇掩蔽壕のうちもっとも東寄りの、Aカッティング（断面）と呼んだ土層断面で発見された。そこの土層断面は、図29に示すように三種の師楽式土器層を見せる堆積を示した。下層に古式師楽式の土器層を、中層にやや厚手の普通師楽式土器の層を、上層に薄手の普通師楽式土器の層を整然と含んでいる。ここで師楽式土器にも型式の変遷があること

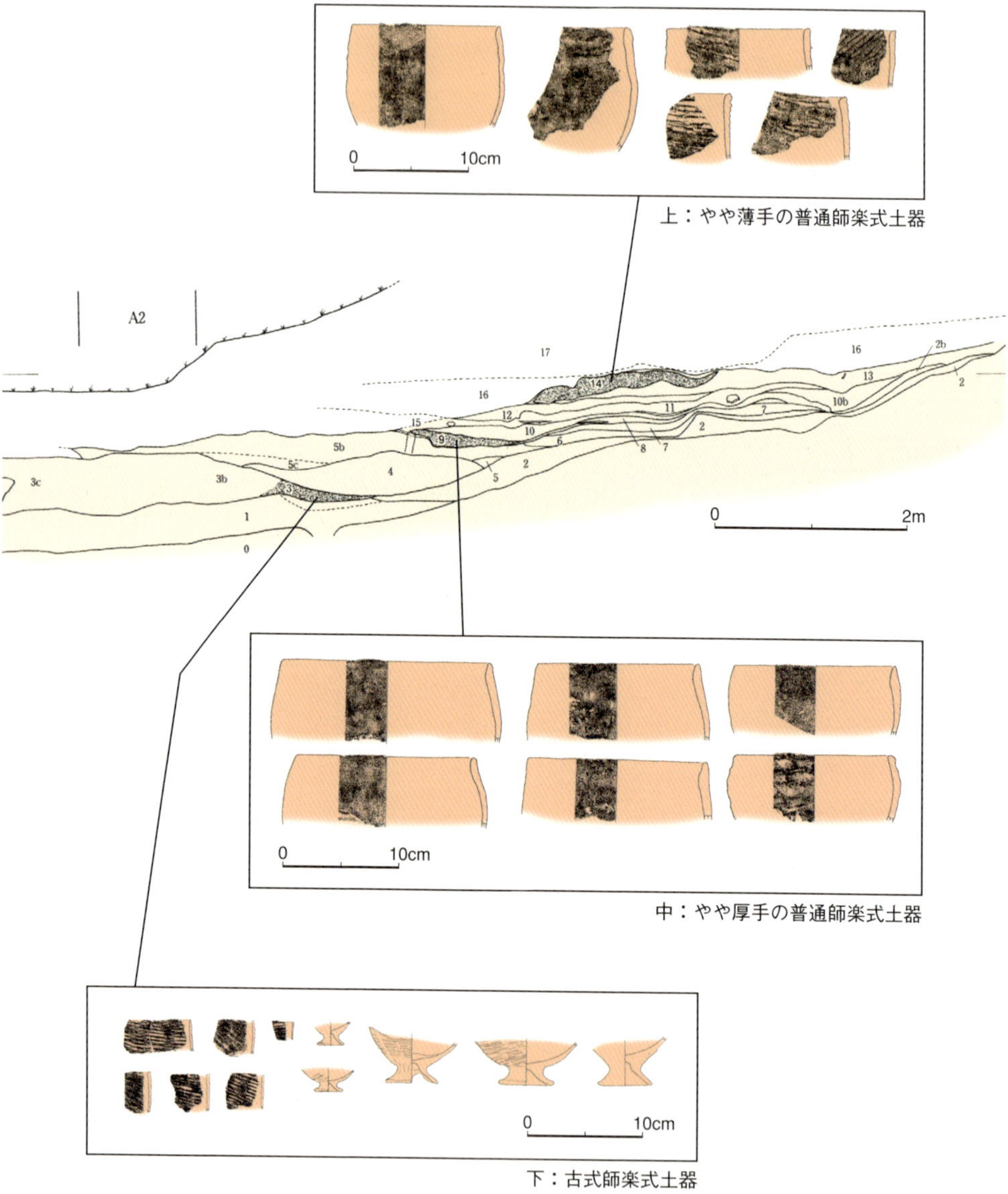

図29 ● Aカッティングの土器層
3種の師楽式土器層の堆積が見られる。

を層位的に掴むことができた。後にはもっと激しい変遷を遂げていることが判ったのであるが、ここでは喜兵衛島A断面で発見された古式師楽式土器について少しばかり説明しよう。

古式師楽式土器の特徴

「普通師楽式」と呼んだこれまでの丸底で丸みのある体部をもつ師楽式土器（図19の左）と異なり、古式師楽式土器は底に小さな径四、五センチの坏を伏せた状態の台脚《だいきゃく》を付けた、体部が長めで薄手の土器である。当時僕たちはラッパ底師楽式土器などと呼んでいた。

器の表面には叩き締めの痕が細めの平行線として見られ、内面は指先によって撫でられ、面が平滑になるように仕上げられているのが普通である。台底部は保存良好で、底径約四・五から五センチ、台高は一・二から一・三センチのものが多い。体部から口縁部のほとんどは小片砕片で、全形の復原はかなり難しい。口縁端は尖るものと平坦なものとあるが、後者が大部分である。

器壁の厚さは体部で薄く約二

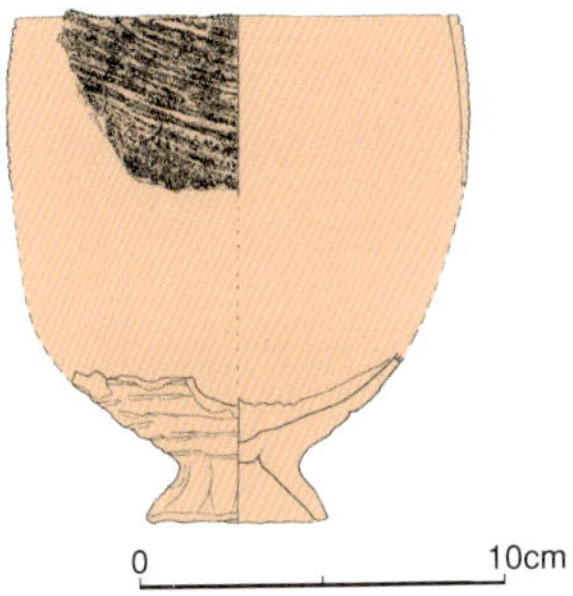

図30 ● 古式師楽式土器
（図74のⅣ式）
南東浜A2トレンチ出土。

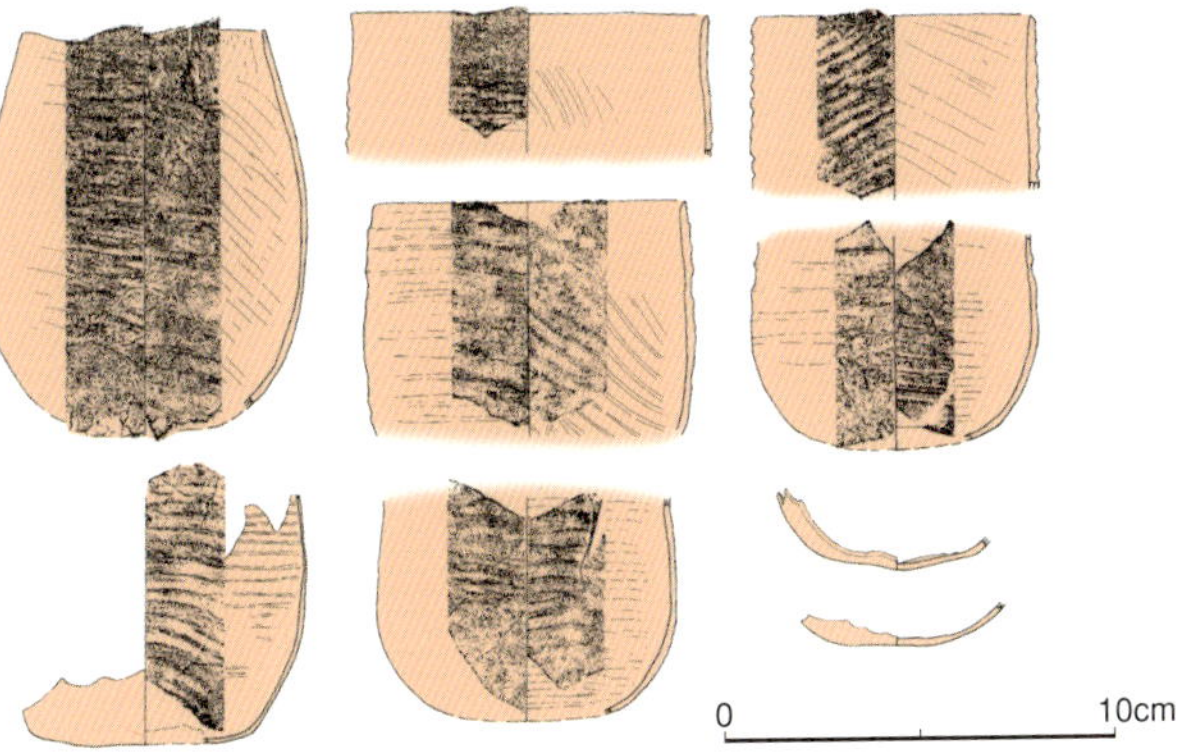

図31 ● 薄手師楽式土器（図20と同様、図74のⅤ式）
南東浜G4トレンチ出土。

ミリ、口縁でやや厚さを増し二・二ミリから三ミリ、底部で四から五ミリである。色調は褐色系で、胎土には細砂がかなり混ざる。体部片に剥離が多く見られること、普通師楽式と同様である。また台脚をもたないごく薄の師楽式土器も発見された（図20・31）。これは台脚師楽式と普通師楽式をつなぐものである。

7　塩民はどのような動物を食べたか

食料残滓

先に居住場所と述べたテラスの直ぐ下方に、貝殻をはじめ獣骨・魚骨などが発見され、居住者が生活の残滓を下に捨てたことを示した。これらのデータは、喜兵衛島の当時の住民達がどのような食生活を送っていたのか、直接的な手がかりとなる。また食用にしない動物の骨なども検出されたので、これらは、運搬に使ったものか定かではないが、とにかく、当時の人びとの生活の一側面を知る手がかりとなる。以下、貝類、哺乳類、鳥類、爬虫類、魚類の順に示していこう。

食用とする貝類は次のとおりである。特にアカガイ・アカニシ・アサリ・イガイ・イタボガキ・カキ・サザエ・サルボウ・タイラギ・テングニシ・ハイガイ・バカガイは、僕が思うに美味であって、当時の喜兵衛島の人びとが、当然のこととはいえ、海産物に恵まれていたことがわかる。その他、アリソガイ・イタヤガイ・イトマキボラ・イワガイ・オキシジミ・オオハネガイ・オオヘビガイ・オニアサリ・オニニシ・ギンエビス・ケガキ・ミヤコボラ・ツメタガイ・ナガニシも食用にできたはずである。

それに対して、イシダタミ・イボキサゴ・ウミニナ・ウネレイシダマシ・カニモリガイ・カワアイガイ・キサゴ・ケガイも検出されている。これらは食用にならない。おそらく漁で食用の貝類と一緒に捕獲され、廃棄されたものであろう。これら貝類の同定は岡山県自然保護センター友の会会長（当時）花田親兵衛氏にお願いした。

脊椎動物のうち、哺乳類には、ウシ・ウマ・ニホンジカ・イノシシがある。ニホンジカ・イノシシは、縄文時代が終わり、弥生時代になってもタンパク源として食用にされた。ウシ・ウマは主に運搬用ではなかろうか。鳥類はウミウのみ確認できた。爬虫類はウミガメ（種不明）を、魚類としては、マダイ・ベラ（属・種不明）・カサゴ（属・種不明）を検出した。鳥類、カメ、魚類はおそらく食用であろう。なお、ウシ・ウマの同定は鹿児島大学教授（当時）西中川駿《はやお》、日高祥信両氏、その他の脊椎動物の同定は北海道大学教授（当時）林謙作氏による。深く感謝する。

8　南東浜と三つの浜

喜兵衛島には、南東浜の他に南西浜（図34）・北東浜（図32）・北西浜（図33）の三つの浜があり、すべての浜に師楽式土器破片の散乱が認められる。そのうち南西浜は幅が狭い上、舟艇

図 32 ● 北東浜

図 33 ● 北西浜
1954 ～ 1956 年まで調査を行なう。

掩蔽壕が二カ所に掘削されていて、新しく僕たちが発掘する余地はあまりなかった。北東浜は背後の谷が細く深く、僕たちの訪れたころは樹木雑草が進入を阻むように密生していたため、発掘を断念した。北西浜はそれらに対して広く浜が拡がっていたが、その東西二カ所に舟艇掩蔽壕が掘られていること南東浜と同様であった。遺跡部分は、掩蔽壕の中間の平坦で、南西方向に緩やかに上昇する土地で、一九五四年八月の第二次から一九五六年の第四次まで発掘を行なった。

南西浜

師楽式土器層、炭層、雑多な包含層は認められたが、土器層は一般に薄く、師楽式土器破片自体が小片で薄手であることが多かった。炭層も薄いことが目に付いた。しかしそれらは廃棄されたように層をなし、師楽式土器による塩の煎熬が行なわれたことは確かである。しかしそこでは石を敷いた明確な炉址を確認できなかったし、炉での操業とかかわってくる南東浜で見た

図34 ● 南西浜
浜の上の丘陵上に古墳群がある。

ようなタタキ面を、したがって灰土層も認めることはできなかった。南東浜と南西浜の師楽式遺跡のこの違いは、全面的に明らかにされたとは必ずしもいえないが、一つの見通しに達した。以下述べよう。

南東浜の焼き塩

師楽式土器製塩の本拠が南東浜であることは確かであるが、それはなぜであるか。ここで、先に述べた炉址、タタキ面、灰土層、土器層・炭層の持つ関係を想起していただきたい。この四者は炉で火を焚いて鹹水を容れた師楽式土器を、周りを歩きまわりながら煮沸煎熬し、作業が終われば土器も炭・灰も棄てられる。問題はなぜ灰土、それも膨大な量の灰土が使われるかである。僕は長い間考え続け、焼き塩製作の問題に逢着した。それはこうである。

師楽式土器で採取した塩は、なお湿性を帯び、吸水性がある。それは主に塩化マグネシウムや酸化マグネシウムの作用である。その塩をそのままどこぞに運ぶと、期間にもよるがだんだん水分を呼んで潮解していくものである。もちろんそれでも使えるのだが、かなり不便で、ついには使用不能となってしまうこともある。それを当初から避けるため、湿った塩を加熱して、潮解性のマグネシウムを取り除く作業を焼き塩という。そのためには焚き口や小さな煙出しは

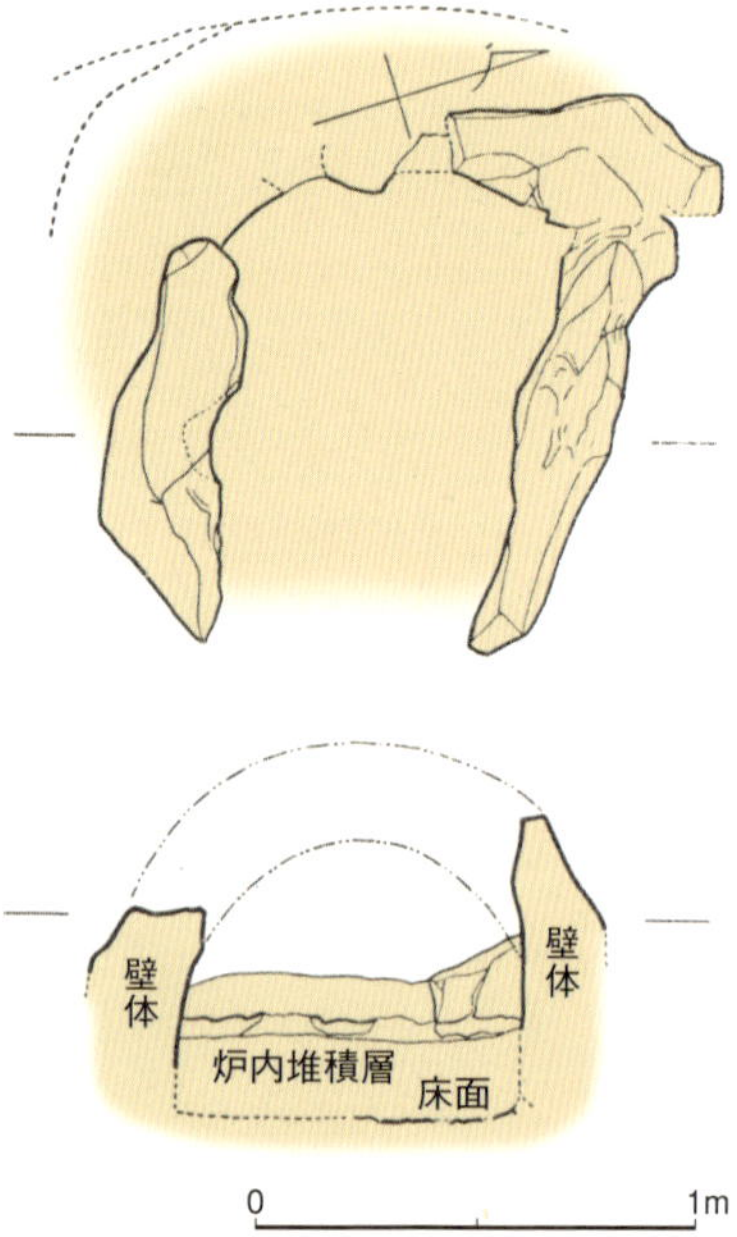

図 35 ● 焼き塩用の炉
香川県坂出市なかんだ浜遺跡。
ドーム状に天井部が形成され、焼き塩（固形塩）を作るためのものと考えられる。

別として炉を密閉に近い状態にして、一昼夜ほど再加熱するとよい。今日伊勢神宮で神事に使われる堅塩《かたしお》はそのようにして作られる。

喜兵衛島南東浜の炉址は床面で長さ二、三メートル、幅一メートル有余あるからそれを覆うのは大変である。その上、中で火が焚かれる。普通の粘土や山土ではもたないということを経験的に知っていた塩民は、山土《やまつち》に植物灰、さらに貝殻や動物骨を焼いてから粉砕したものを混ぜ海水または鹹水で捏《こ》ねて、しばらく置くと、土は次第に硬化する。実際に灰土の顕微鏡検査で、貝と骨灰、植物灰を検出した。

おそらく棒状あるいは交錯させた樹木草類などを芯として、この灰土によって炉壁・炉上屋《うわや》を構築したものと思われる、一回ないし何回かの操業の後、一部または全部を壊して収穫の焼き塩を取り出し、土器片は土器層として炉材は灰土層として廃棄され、また炉とそれらの間は作業面がタタキ面として形成されるわけである。いうまでもなく鹹水を煎熬する際には、炉の灰土の上屋は除去されている。こういうことがおそらく年一回ほどか行なわれ、今日遺跡として見る複雑な相貌を呈するようになったのである。

北西浜を含めて他の浜では、このような炉・灰土層・タタキ面の痕跡を認めることができないので、喜兵衛島での製塩の右のような作業は南東浜を中心に行なわれたと見てよいと思われる。そこは南に面し、西の屏風島で風雨を避け、漁場にも近接した場所でもある。

第3章　古墳群と群を離れた古墳

1　南西浜上方古墳群

一三基からなる古墳群で、すべて径一〇メートル前後ないし未満の小墳である（図36）。うち尾根の高位に造営された一二号墳・一三号墳については、すでに第1章で述べたので、ここでは僕たちが調査時に命名した一号墳から逐次要点を述べていくことにする。

一号墳　東面する谷の斜面に築かれていたので、この古墳群としては南端にあたる。石室は南東方向に開口し、すでに大破され、奥壁と側壁下半を残すのみであった（図37）。仮に推定復原すると、径約一二メートルほどの円墳である。石室の現存の長さは約七メートルで、古墳群のうちもっとも長い。幅は広くなった中央部で約一・五五メートル、奥壁の高さは約一・七メートルである。石材はすべて花崗岩の転石または割石で、中には海蝕を受けたものも少数混じる。海辺で採取・運搬されたものであろう。石採りと同時かどうかは判らないが、盗掘を受

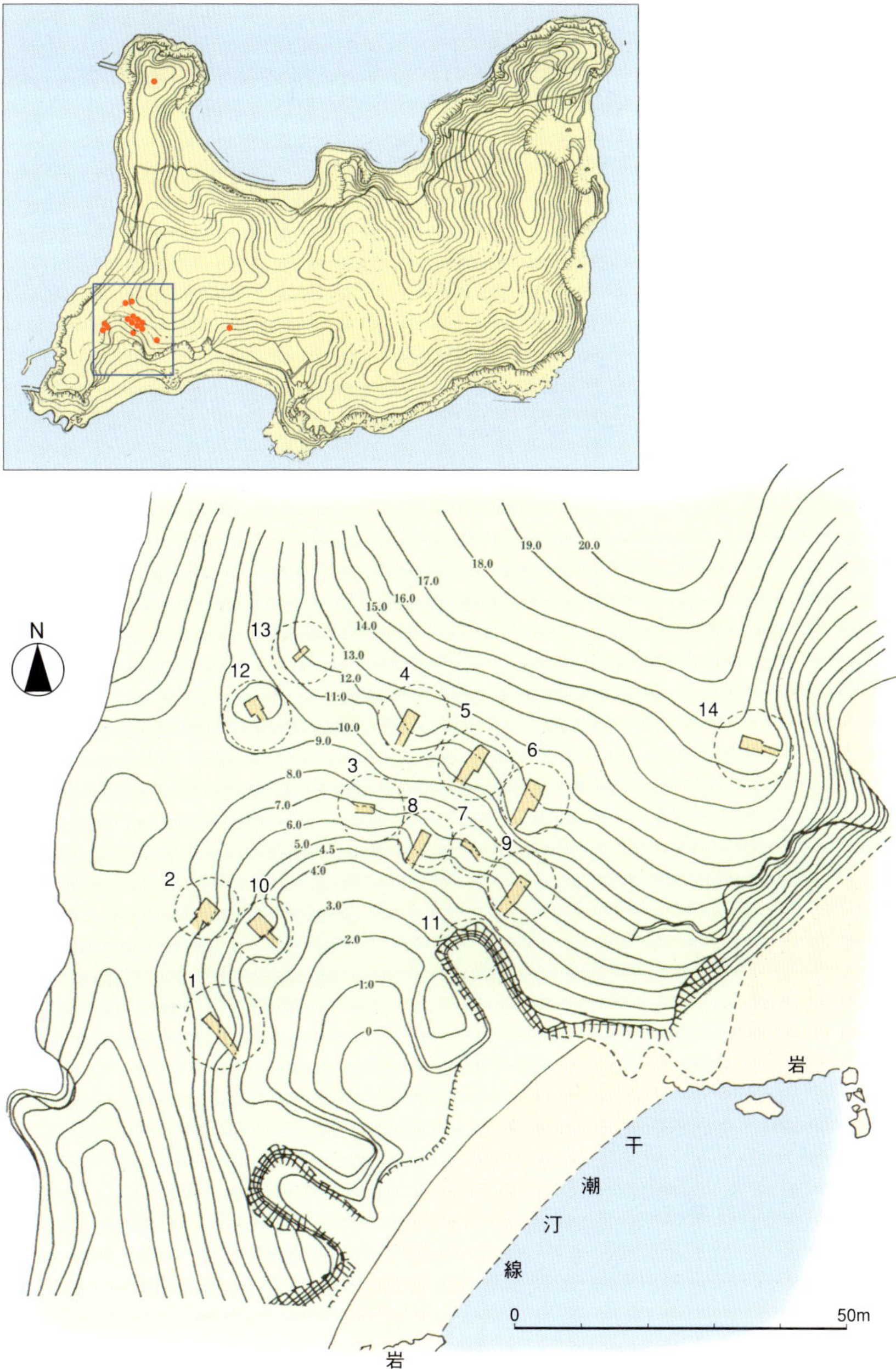
N
1
2
3
4
5
6
7
8
9
10
11
12
13
14
20.0
19.0
18.0
17.0
16.0
15.0
14.0
13.0
12.0
11.0
10.0
9.0
8.0
7.0
6.0
5.0
4.5
4.0
3.0
2.0
1.0
0
岩
干潮汀線
岩
0
50m

図36 ● 古墳の分布

けたことは明らかである。石室の向かって右側中ほどに須恵器高坏と土師器高坏各一が、さらに少し奥よりに須恵器坏二が互いに離れて、鉄鏃一が左側に見られたにすぎない。これらは原状（副葬当時の状態）に近いと推定された。ほかに耳環が中央辺と入り口近くの右側に各一が発見されたが、攪乱移動したものと考えられた。

二号墳　第1章でみた一二号墳の南南西約二五メートルで、一号墳の北約六メートルの位置に築かれた古墳である。墳径約八メートル、高さ約二・五メートルの小形円墳と推定復原される。

石室は一二号墳のそれに似て、方形に近い玄室と短い羨道があり、その間に玄門を配したものである（図38）。石室全長約二・六メートル、玄室幅は中央辺りで約二メートル、残存奥壁の高さ約一・六メートルである。また羨道入り口付近に閉塞施設の石材の一部が残る。玄室の天井石と側壁上方の石材は取り去られていたが、羨道部の天井石の一部が残る（図39）。

副葬品は原状または原状に近い状態にあった。その種類・数は喜兵衛島古墳群中もっとも多いほうである（図40）。

鉄鏃は尖根《とがりね》式一八本・平根《ひらね》式一二本を数える。槍の石突《いしづき》と見ら

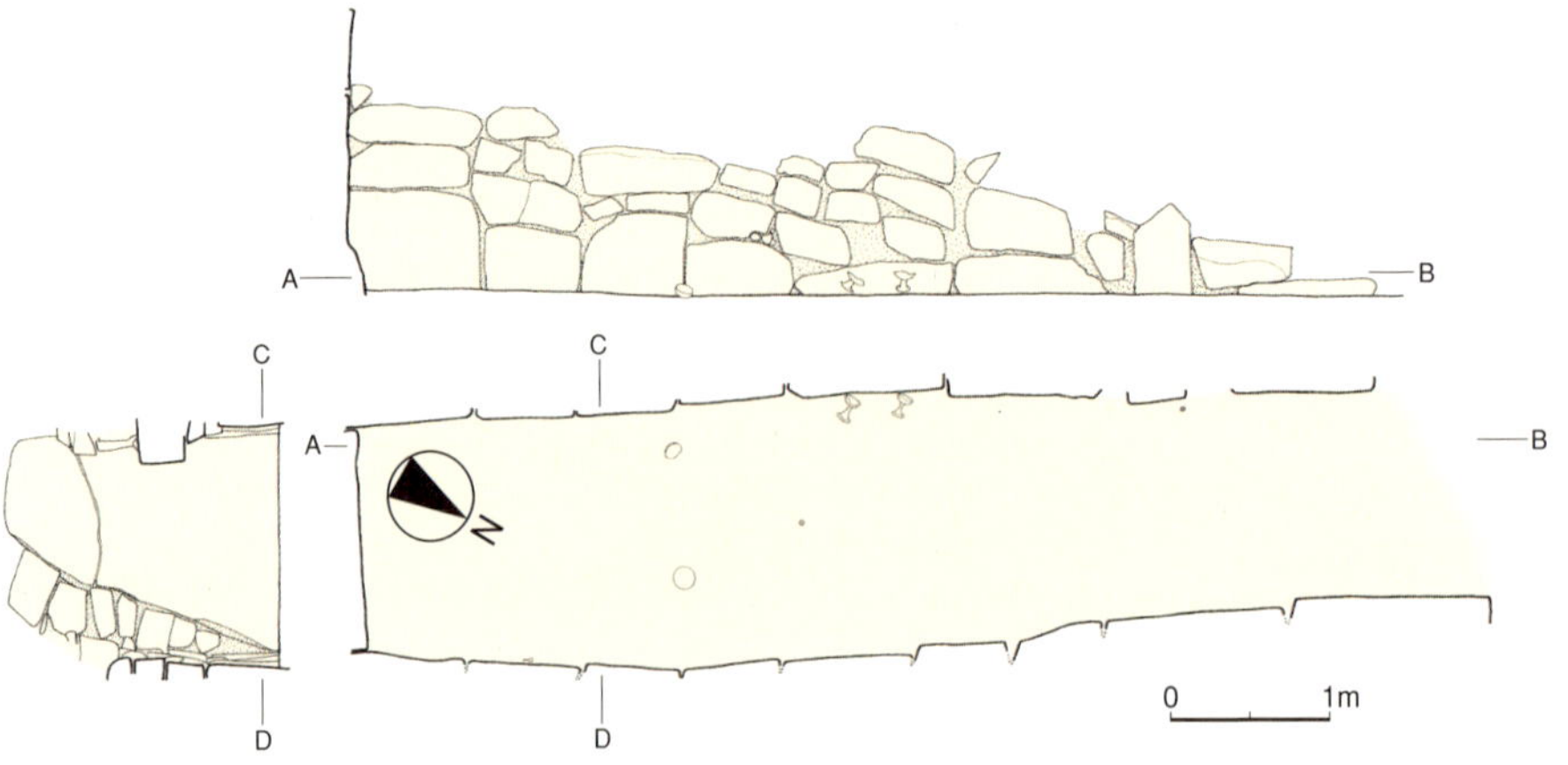

図37 ● 1号墳横穴式石室

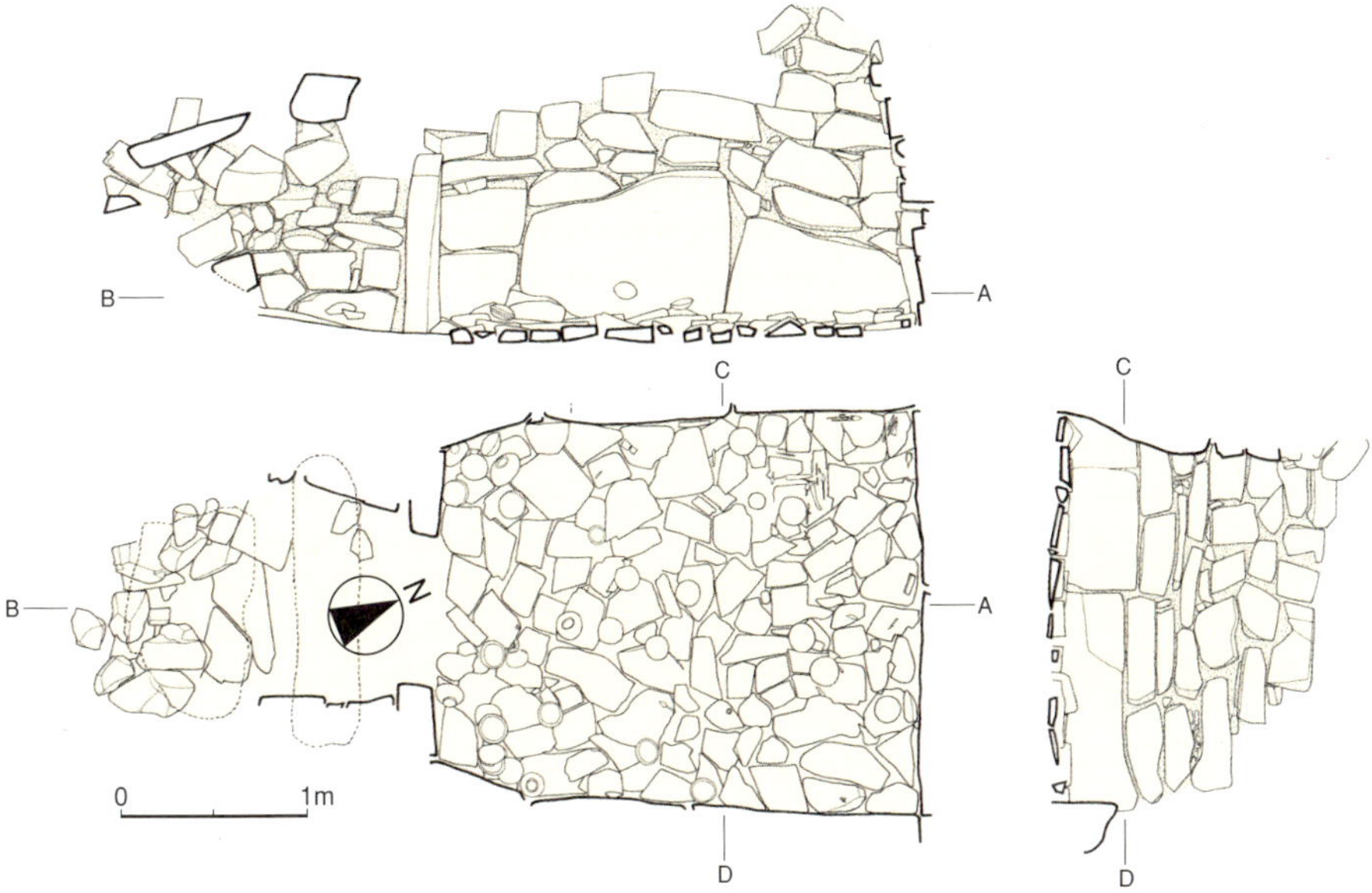

図38 ● 2号墳横穴式石室

図39 ● 2号墳玄室

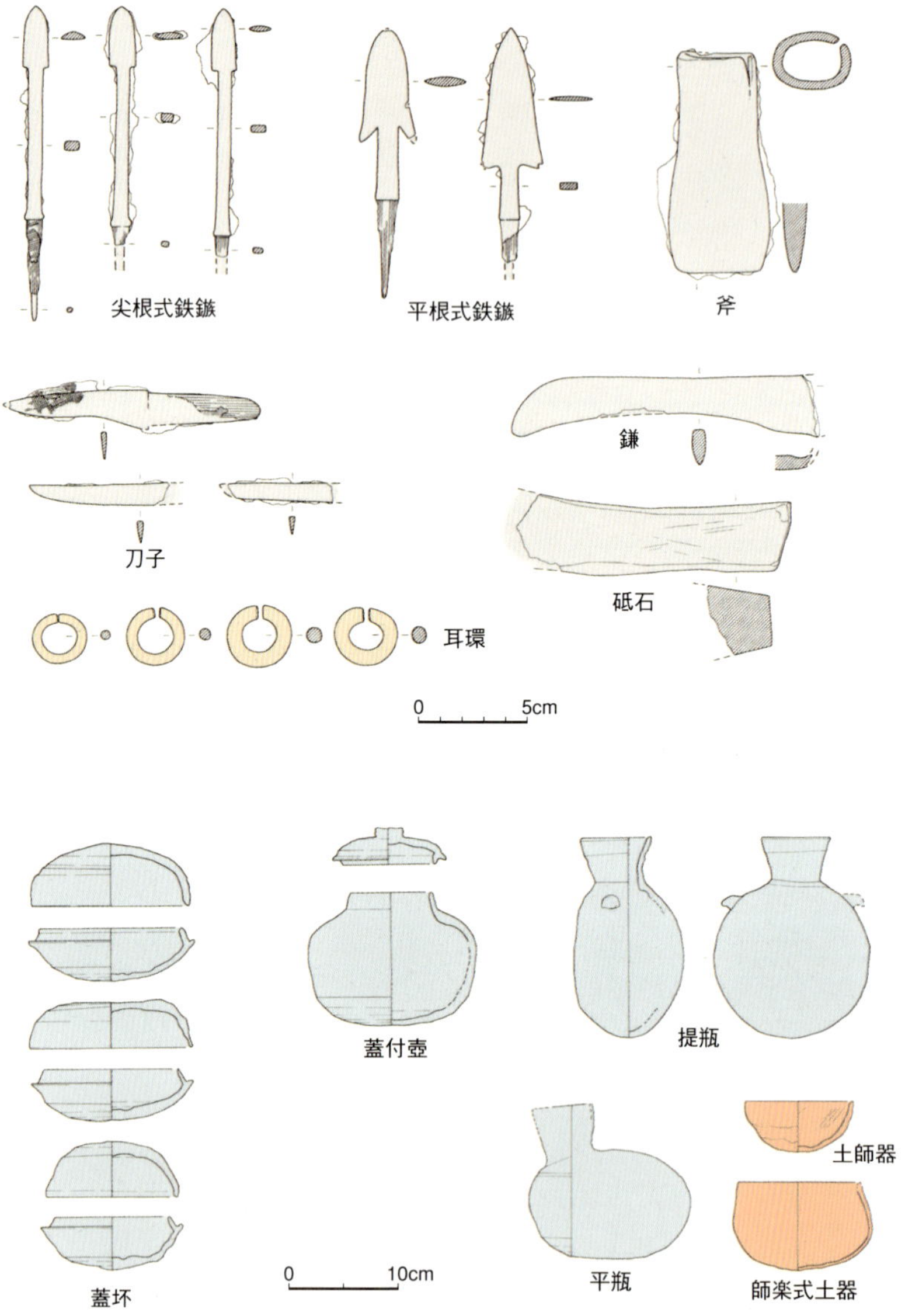

図 40 ● 2 号墳出土遺物

れる品一、刀子七、鎌一、斧一、耳環四、うち一個に金箔の一部が残る。砥石一ほかに土器類が多数見られた。

土器類は須恵器・土師器・師楽式土器で、うち須恵器は三二点、一部を図示した。蓋坏が多く蓋付壺・提瓶《さげべ》・平瓶《ひらか》がある。土師器は小形の椀、師楽式土器は丸底の鉢形で、内外面に指頭圧痕が見られる口径約一二センチ、高さ約八センチの品である。この島で生産された塩を納め置いたものであろう。

三号墳　東西にならぶ四基のうち西端にあたる古墳で、径一〇メートル未満の小墳である。西に開く横穴式石室（図42）であろうが、前半部分は崩壊または石採りに遭っていると考えられる。いま長さ約二・三メートルが残るが、幅は中ほど〇・八メートル、高さ約一メートルで、喜兵衛島古墳群中最小に近い石室である。石室内で須恵器坏の一片が採集された。

四号墳　径約一〇メートルの小古墳で、天井石の残骸が四個ほど認められた（図43）。発掘は、時間と人員の都合で羨道部と玄室の奥壁に接する箇所についてのみ行

図41 ● 2号墳奥壁付近の遺物出土状態

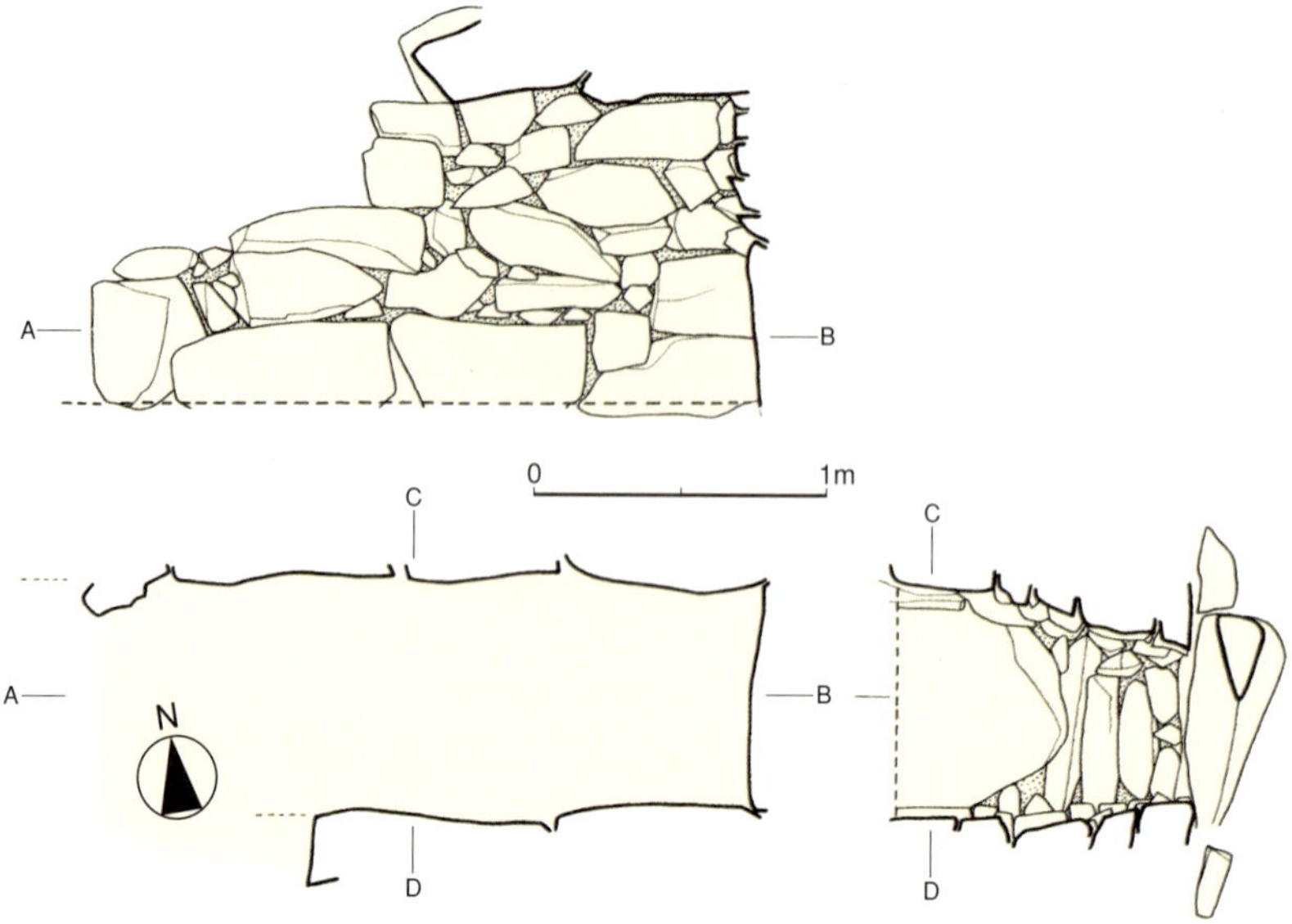

図 42 ● 3 号墳横穴式石室

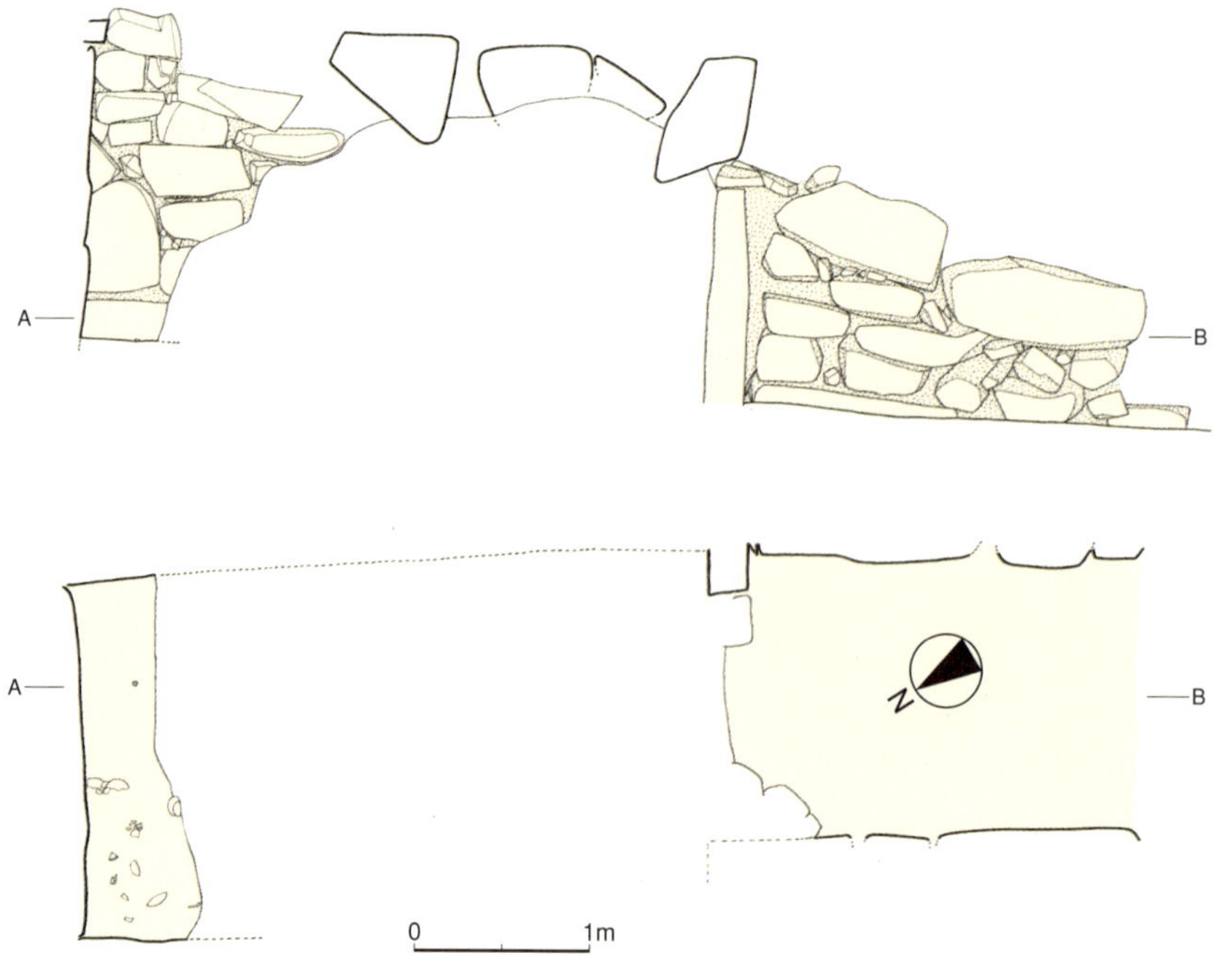

図 43 ● 4 号墳横穴式石室

なわれた。羨道と玄室の間の東北寄りに玄門が見られ、片袖式と考えられる。石室復原長は六・三五メートル、玄室の長さ二・五四メートル、幅一・五五メートル、高さ一・八メートルで、群の中では大形なほうである。

副葬品は玄室で認められた。鉄鏃二、釘状鉄器一、刀装具（部分）一、耳環一のほか、須恵器坏一、土師器坏四・高坏三が発見された。おそらく未盗掘と推定される。

五号墳　径約一〇メートルの小墳で、天井石一を残し石採りに遭っている（図44）。石の大きさ・積み方など、四号墳によく似る。玄室と羨道の床面には框石《かまちいし》が置かれ、その片方の玄門石が羨道方向へ倒れ掛かっている。

発掘は、時間と人員の関係で玄室の前後、面積にして約半分と羨道についてのみ行なったが、玄室の副葬品はよく残っており、その部分の盗掘はないと考えられた。石室の長さ約五・六メートル、片袖式の玄室の長さ約二・九五メートル、幅約一・八メートル、奥壁

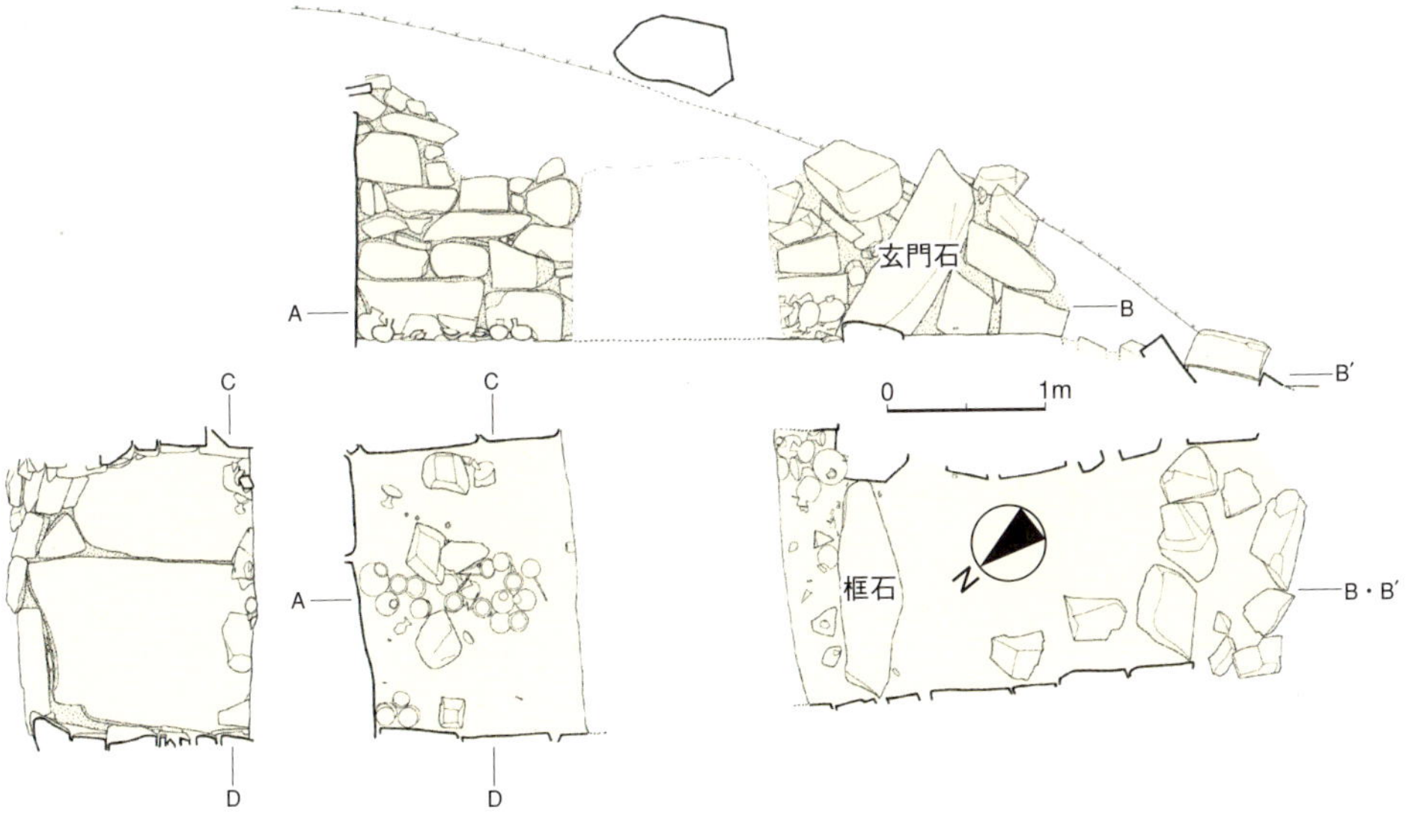

図44 ● 5号墳横穴式石室

図 45 ● 5 号墳の玄室内副葬品出土状態

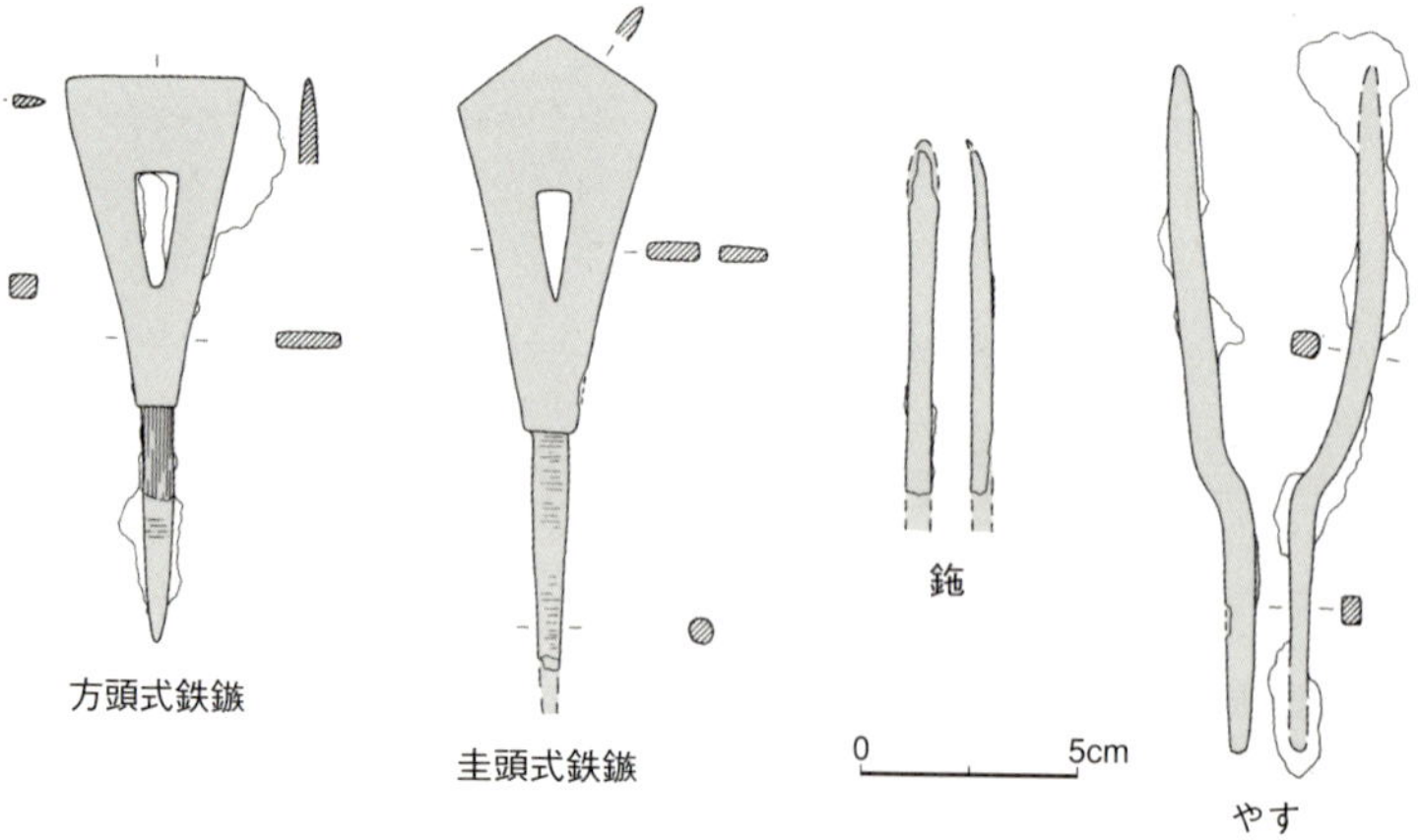

図 46 ● 5 号墳出土遺物

の高さ約一・五メートルである。羨門に当たる箇所に閉塞の石材が散見される。

副葬品は、発掘した限り玄室のほぼ全面に拡がっていた。鉄鏃は、鏃身で数えて一三本、うち細身の尖根式が八本、平根式が五本で方頭《ほうとう》式二と圭頭《けいとう》式三である。刀子・鉇《やりがんな》・やすが各一（図46）、耳環は六個発見され、うち二個は金環《きんかん》、二個は銀環《ぎんかん》、他の二個は剥脱のため金銀は不明である。玄室内発見の土器類のうち、須恵器は坏の身と蓋多数、提瓶二、平瓶五、土師器は高坏五、脚付小壺二である。羨道部分から須恵器小片と師楽式土器小破片数片が発見された。

六号墳　先の四号墳・五号墳と並んだ東端に築かれた径約一〇メートルほどの小墳である。四個の天井石を残し、他の天井石は石採りされている。石室（図47）の規模・構造は、四号墳・五号墳に似て、中程度の大きさの石を整然と積んでおり閉塞施設の石も残している。玄室の長さ約三・四メートル、幅一・五〜一・六メートル、高さ一・八メートル、羨道の長さ約三・五メートル、高さ一・二五メートルである。玄室の二〇センチほど手前の羨道に框石が据えられている。ま

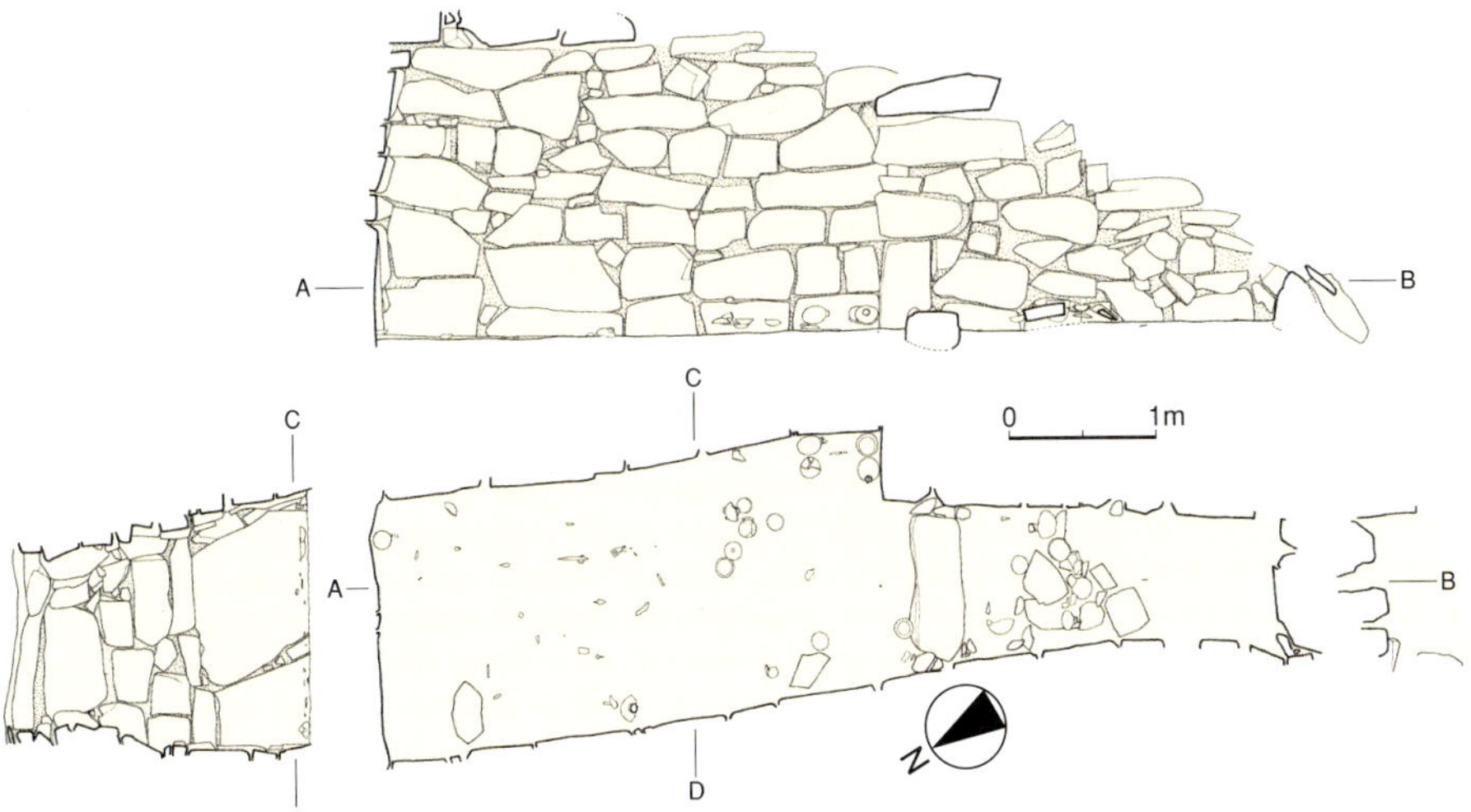

図47 ● 6号墳横穴式石室

た羨道部に閉塞石が残存する。

副葬品は羨道の一部から玄室のほぼ全面に及んで発見された（図48）。鉄刀一または二、鉄鏃一二、弓の飾り金具三、刀子六、耳環三、うち細い一個は金製、太い二個は金銅製、石製紡錘車一、土製練り玉一、ガラス小玉一のほか、土器類には須恵器坏の身と蓋二一、椀二、高坏三、𤭯《はそう》一、長頸壺破片三、平瓶四、提瓶一、土師器坏二、高坏一、師楽式土器完形品一（図19左）、破片一である。完形の師楽式土器は口縁部に並行の叩きをもつ口径一五・二センチ、高さ一一・七センチの深鉢形である。

七号墳　墳丘のほとんどは流失しており、石室のかなりの部分も石採りに遭っていると考えられる小墳である。石室（図49）は途中で曲がる形状で、復原はかなり難しい。おそらく幅の狭い横穴式石室で、全体としても三号墳石室と共に群中もっとも小さいほうの石室の一つであ

図48 ● 6号墳の石室と副葬品出土状態

図 49 ● 7 号墳横穴式石室

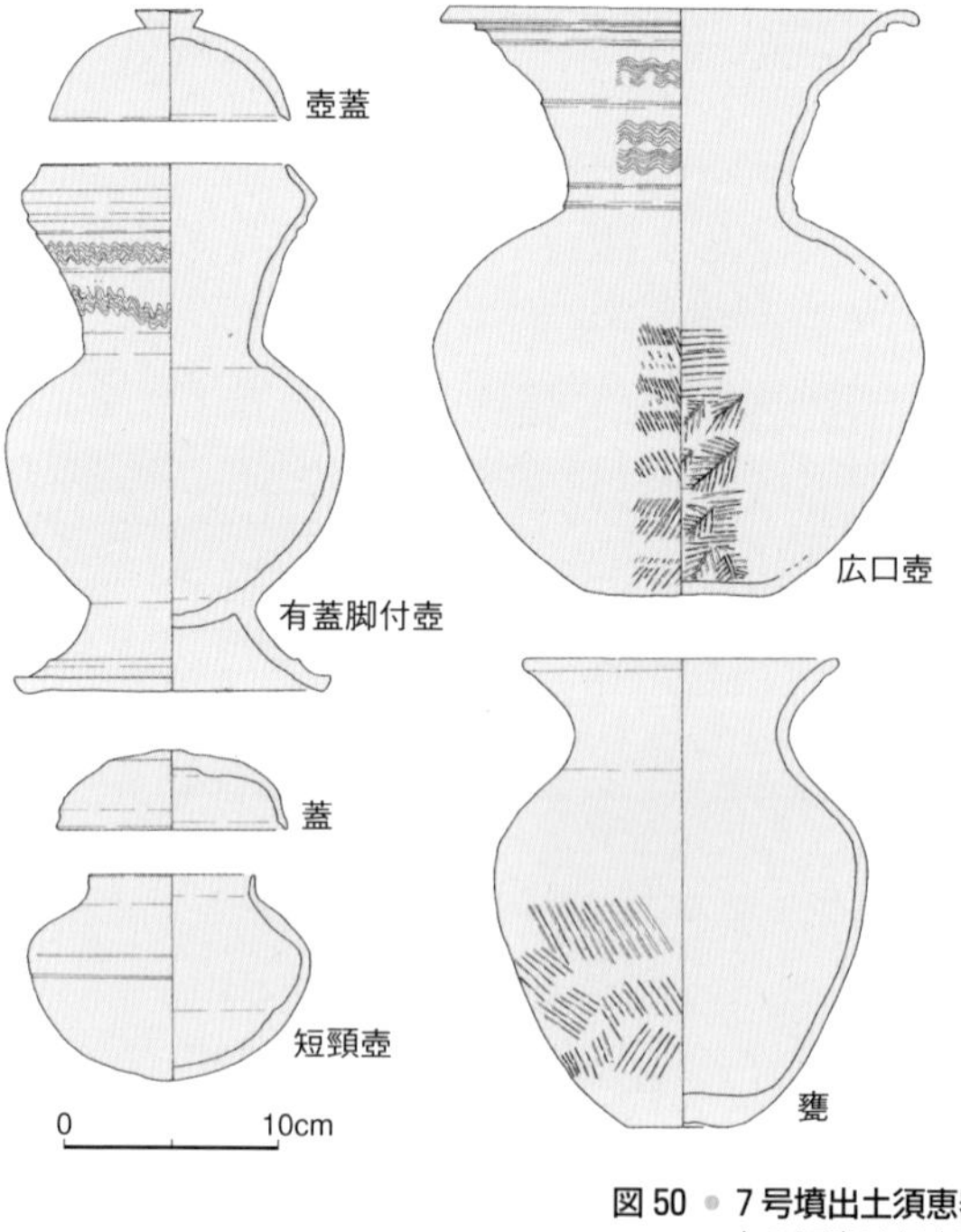

図 50 ● 7号墳出土須恵器
上の写真は須恵器の出土状態。

る。主軸も左右の八号墳・九号墳と異なる。現存の長さ約三・四メートル、高さは復原不能で、幅は奥で八七〜九四センチ、入り口に向かって狭くなり六二センチとなる。半分から奥の床面には敷石が置かれ、右壁に沿って完品の須恵器壺三個（うち一は甕か）が並んだように置かれていた（図50）。また入り口に近い敷石と左壁の間に蓋を外した短頸小形の須恵器壺が見られた。

　これら須恵器六個は、それがほぼ完形であるだけでなく、大形の壺・甕を含んでいた点や鉄器・耳環などを含まなかった点、石室構造が異様である点などで注目を引き、調査団の何人かは朝鮮渡来の品かとさえ述べたほどである。

八号墳　七号墳の西側、三号墳の東側に接して築かれた小墳である。すでに天井石のすべては除かれていた。羨道と玄室の区別がはっきりしない横穴式石室（図51）であるが、奥壁から約四・五メートルの箇所に閉塞装置の残骸と見られる石群があるのでそこまでを玄室相当と見てよいのかもしれない。現存の長さは約六メートルで、最大幅は約一・七四メートル、奥壁の高さ約一・九メートルである。

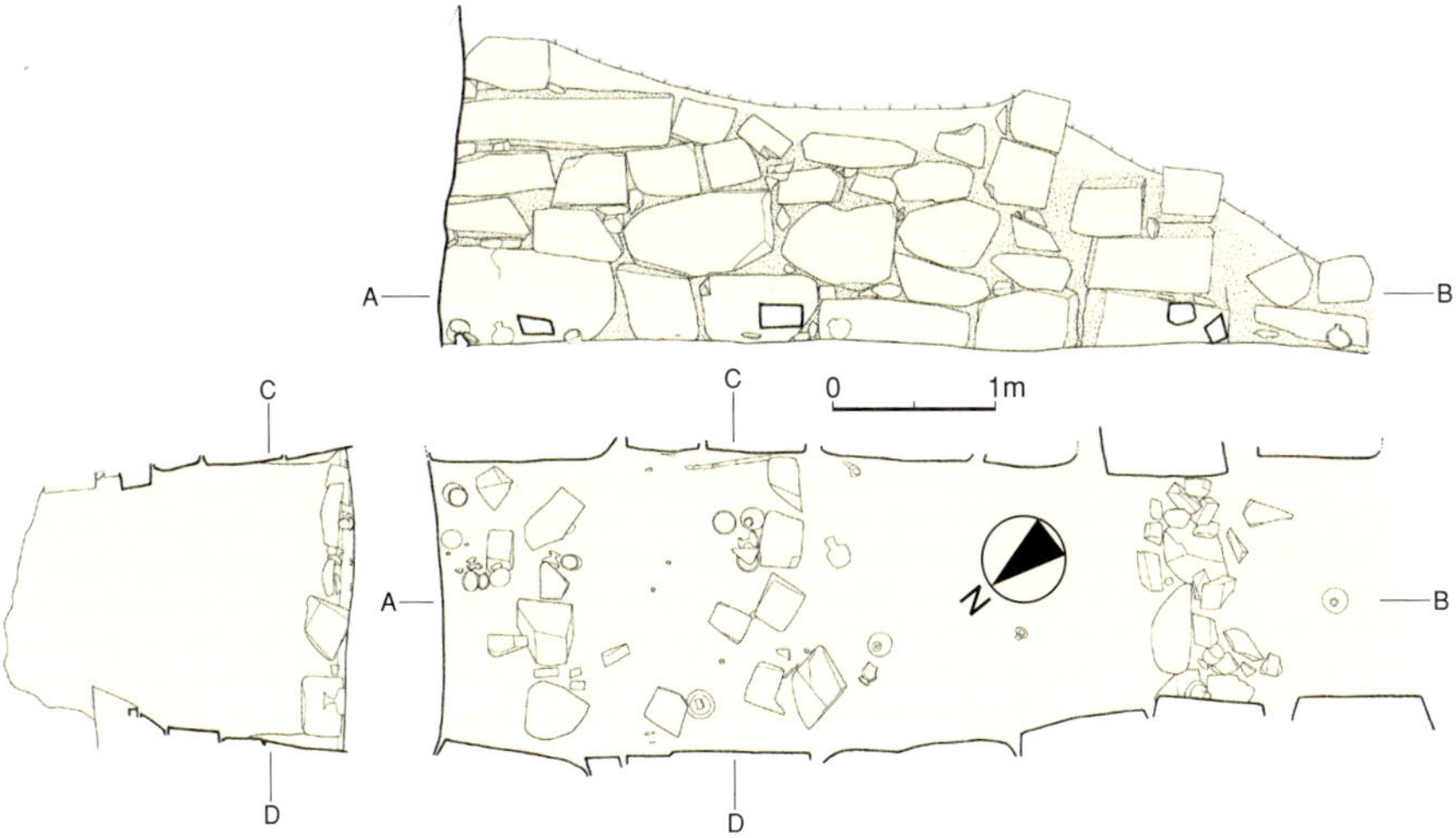

図51 ● 8号墳横穴式石室

図 52 ● 8 号墳の石列

図 53 ● 8 号墳の副葬品出土状態

縦横三、四〇センチの石数個が二列、玄室を横切るように並んでいるように見えるが、室内を区画する置石であったかもしれない（図52）。側壁には海蝕の痕のある石が幾つか目についた。

少なくとも玄室奥半分は盗掘されることなく、耳環や刀を含めて残存していた（図53・54）。刀は長さ六三・三センチ、刀身は平造り、関《まち》をもつ。刀身にも茎《なかご》にも鞘・柄を示す木質が残る。鉄鏃は尖根・平根を含めて約六、刀子三、耳環六、琥珀製の棗玉一がある。

土器類は須恵器が坏三、長脚高坏四、短脚高坏五、台付椀二、壺二、提瓶一、平瓶三、土師器が高坏二、ほかに大小の師楽式土器二がある。

九号墳　流土がかなりひどい墳丘で、石室もすべての天井石を失い、羨道にあたる入り口部

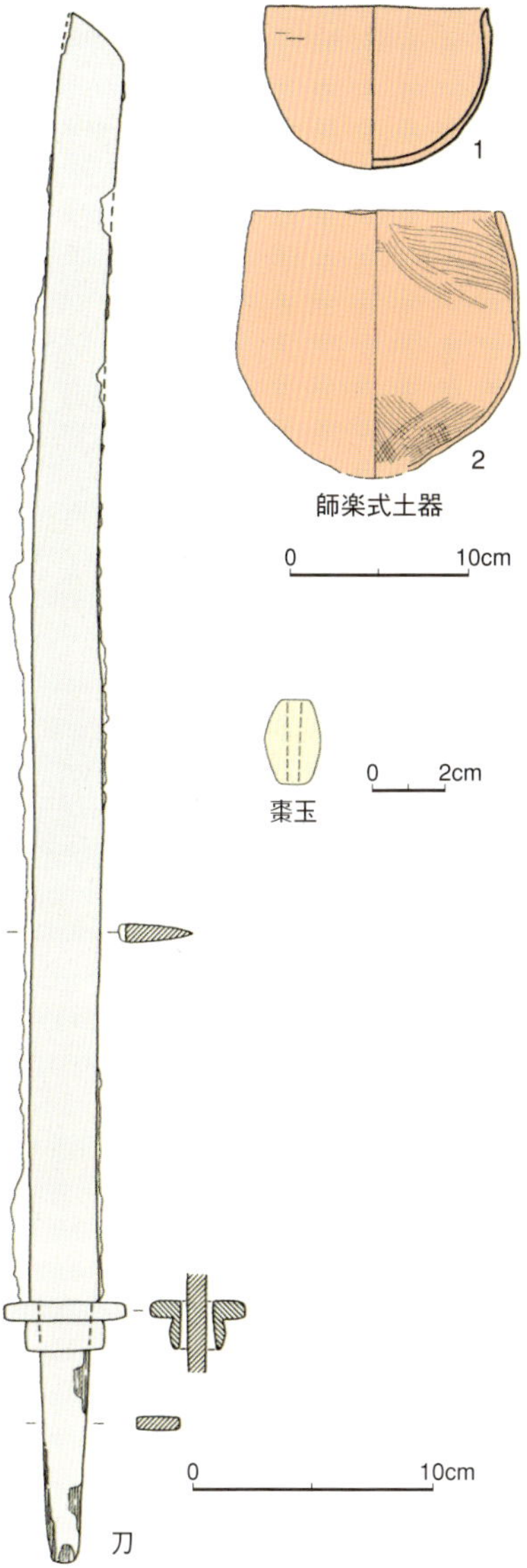

図54 ● 8号墳出土遺物
刀はほぼ完形品で刀身には鞘の木質が、茎には柄の木質が付着している。棗玉は琥珀製。

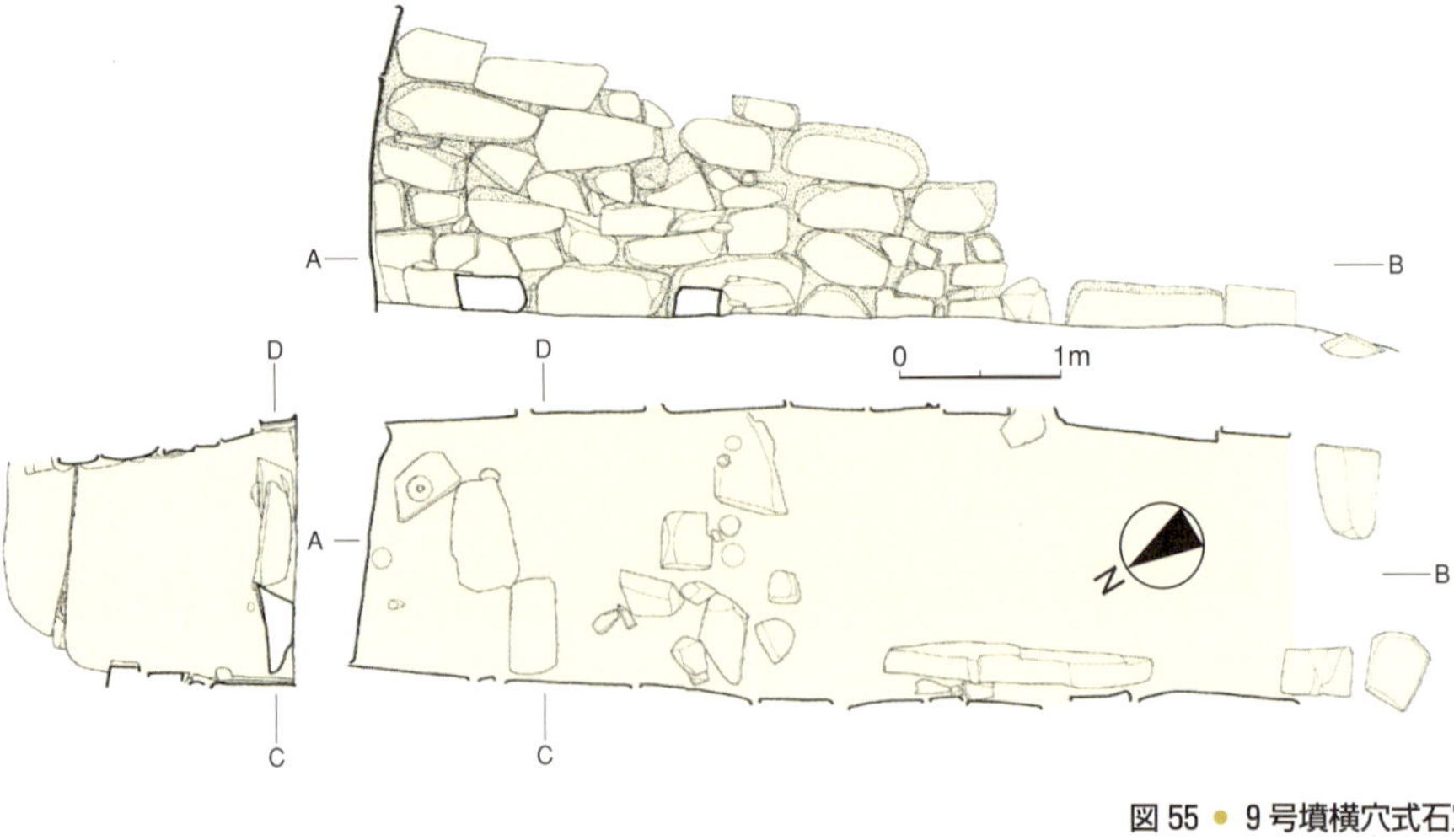

図 55 • 9号墳横穴式石室

分の壁も大部分が失われている（図55）。床面に石材が幾つか認められたが、転落した石でなければ、棺台の可能性もある。八号墳の場合と同様、石室に羨道と玄室の区別がなく、識別困難であるが、石室の現存の長さは五・八メートル、幅は前方で一・五メートル、奥で一・八メートル、高さは奥壁部分で一・八メートルである。

副葬品は奥壁から二・五メートルの範囲に見られたが、鉄器類を欠くなど乱掘された可能性が高い。飯蛸壺《いいだこ》一（図56）、須恵器坏六、ほかに中世初期と見られる瓦器椀《がきわん》三、と土鍋が見られた。それらは古墳本来のものではない。

一〇号墳　一〇号墳は少し離れ、二一号墳の東南にほぼ接

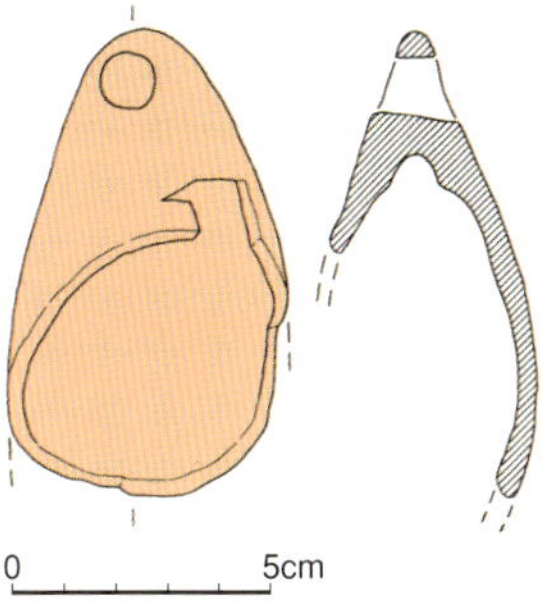

図56 ● 9号墳出土飯蛸壺

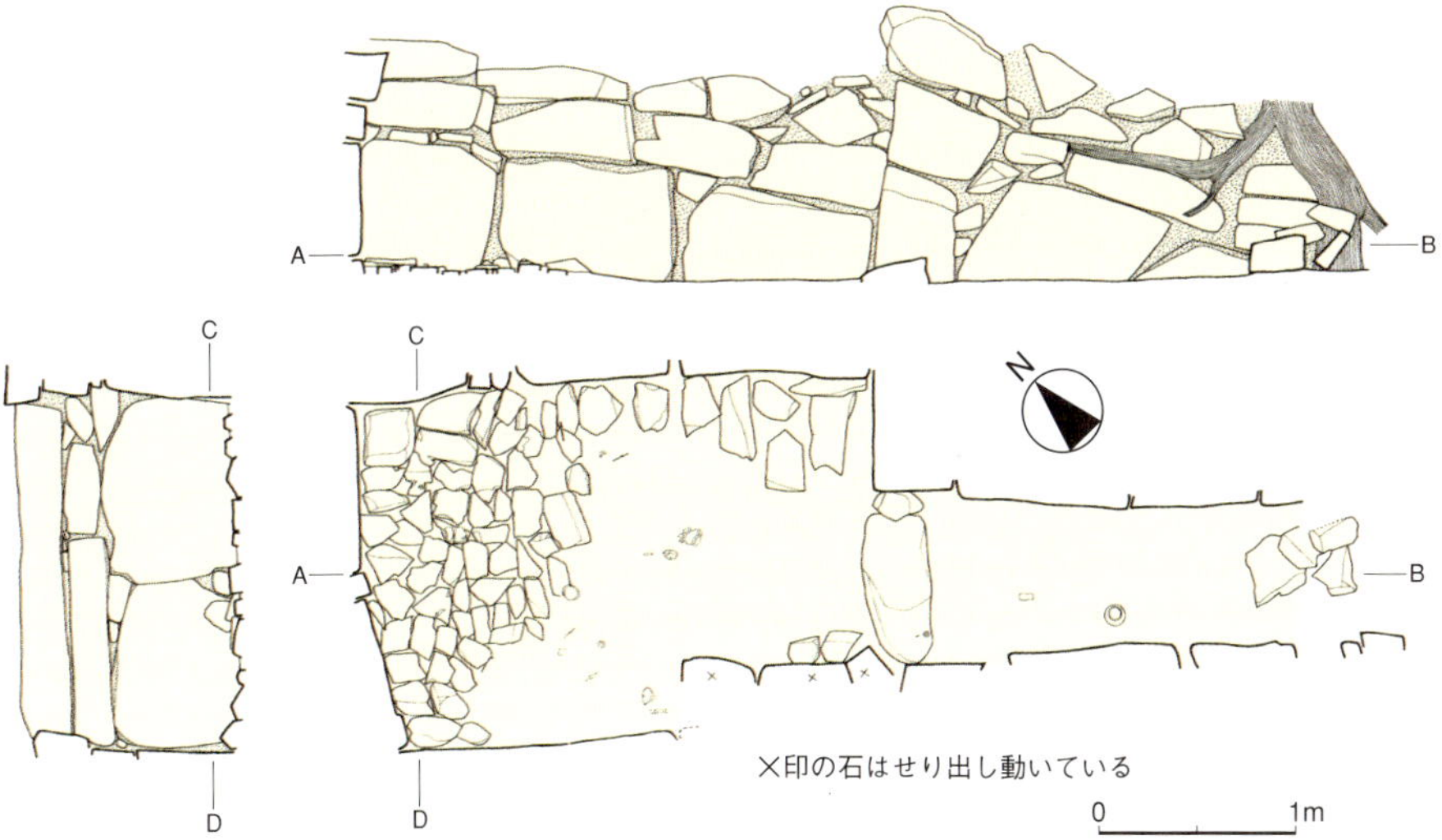

図57 ● 10号墳横穴式石室

して築かれた径一〇メートルほどの小墳である。石室（図57）は下降傾斜方向に開口する両袖式の玄室で、天井石のすべてと奥壁・側壁の上方は石採りに遭っている。発掘は、羨道よりの玄室の一部床面を除き行なわれた。現存の全長は五・二八メートルで、玄室の長さは約二・五メートル、幅は約一・七メートル、羨道の幅は、框石の付近で六五センチ、入り口に向かって狭まる。玄室の底面には割り石が整然と敷き詰められているが、羨道方向では乱れ、多くが移動していた。敷石が乱れている点や副葬品の種類・量・発見状況から見て、盗掘がなされた蓋然性は高いと思われた。

副葬品には、鉄鏃一、刀子三、木質付着の鉄釘五、水晶製勾玉一のほか、須恵器坏二、蓋二、高坏二、土師器坏一がある。

一一号墳　舟艇掩蔽壕の掘削に伴い、ほぼ全体が破壊・除去され、僅かに奥壁を残すが、規模構造は他と大差なく、もと南西に開口した横穴式石室と考えられた。副葬品は未見である。

一二・一三号墳　この二つの古墳については、すでに第1章で述べた。

2　群を離れた古墳

一四号墳　群から東へ二五メートルほど離れ、小さな岬上に営まれた小墳である。墳端は周囲の地形と判別しがたい状態であるが、他に較べ僅かに大きく見え、径一一～一二メートルであろうか。

石室（図59）は東に開口し、奥に向かって幅を僅かに減ずる長さ約三・二メートル、幅一・五五〜一・六五メートル、高さ一・九メートルの両袖の玄室に、長さ二メートル足らずの短い羨道が付き、さらにその先に閉塞装置の石積の残骸を残す。奥の天井石の四枚を残し、石室前方の天井石と接していた側壁は取り去られていた。石室は、一部に「くずれ」が見られるものの、整然とした六層積みが認められた。また玄室と羨道の間に玄門として立石が立てられ、閉塞石積の保存はよい。

早くから開口していたと見えて、石室床面は平坦な床面そのもので、盗掘を思わせた。玄室右奥で須恵器坏の半欠と径約三・五センチ、太さ数ミリの鉄環（耳環）が見られたほか、石室内堆積土から須恵器若干片が発見されたにすぎない。

一五号墳　一四号墳のほぼ東方へ約五〇メートルほどの箇所の狭いテラスに、南南東に開口する横穴式石室一基が発見された。そこは南東浜の西

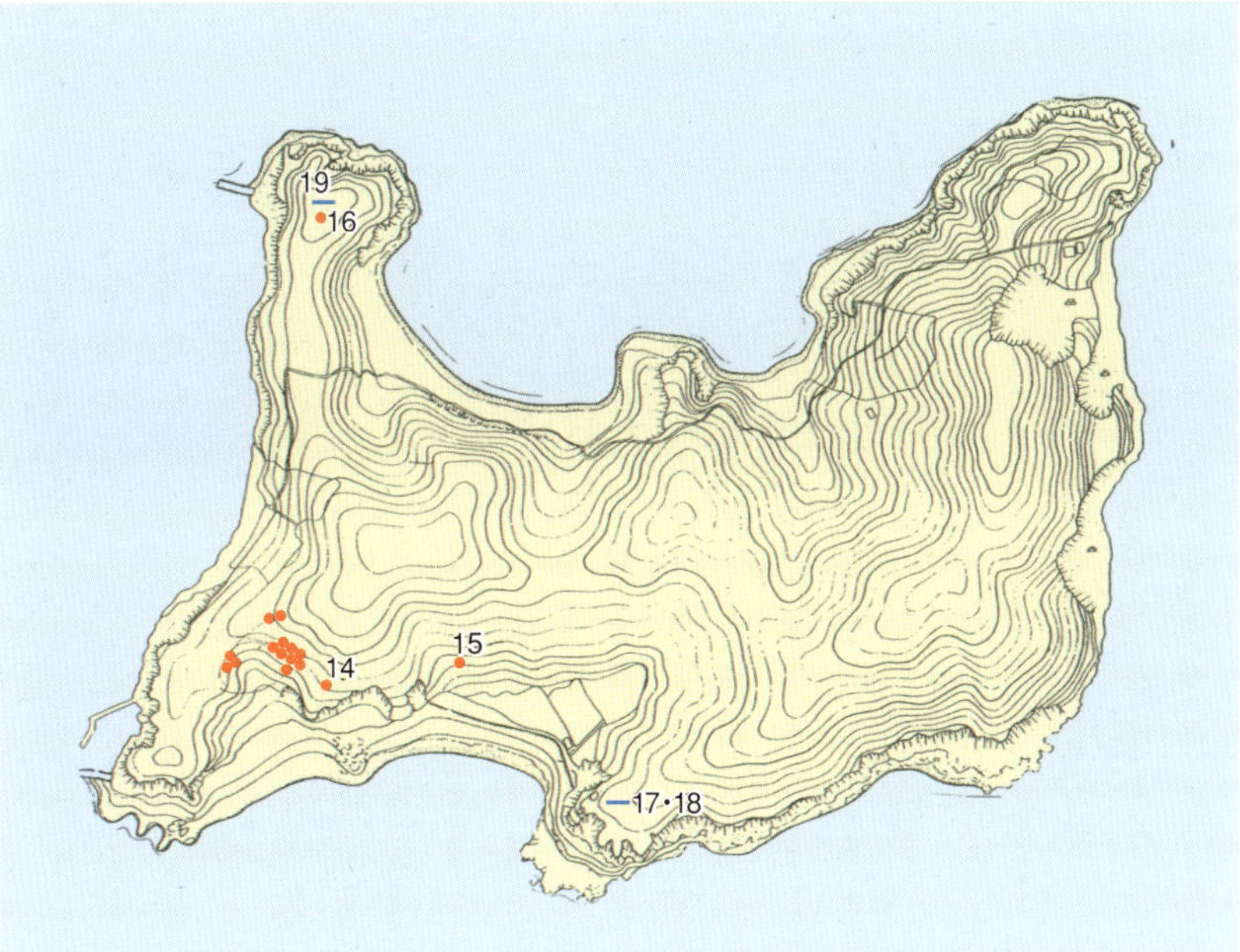

図58 ● 群と群から離れた古墳

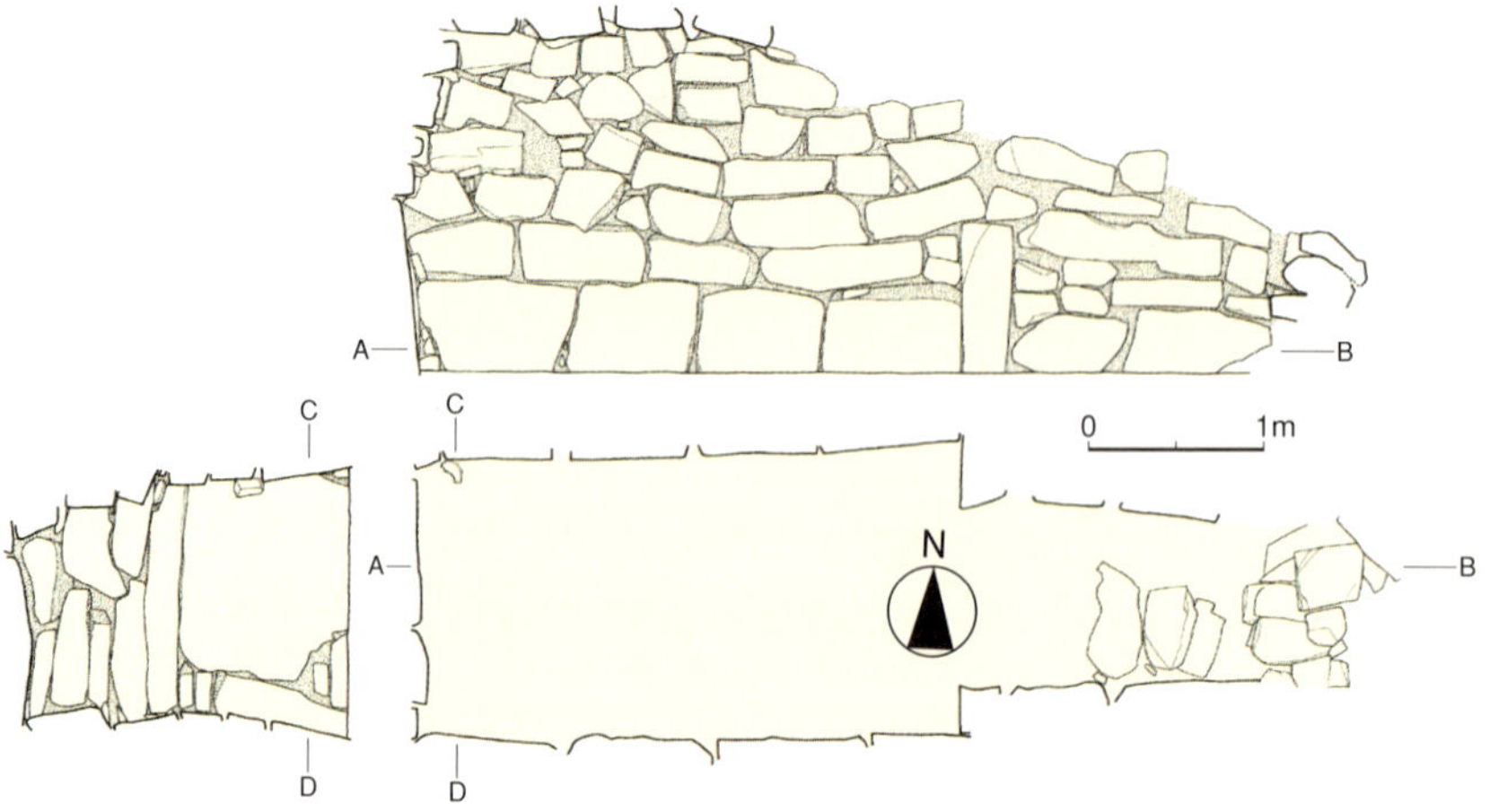

図 59 ● 14 号墳横穴式石室

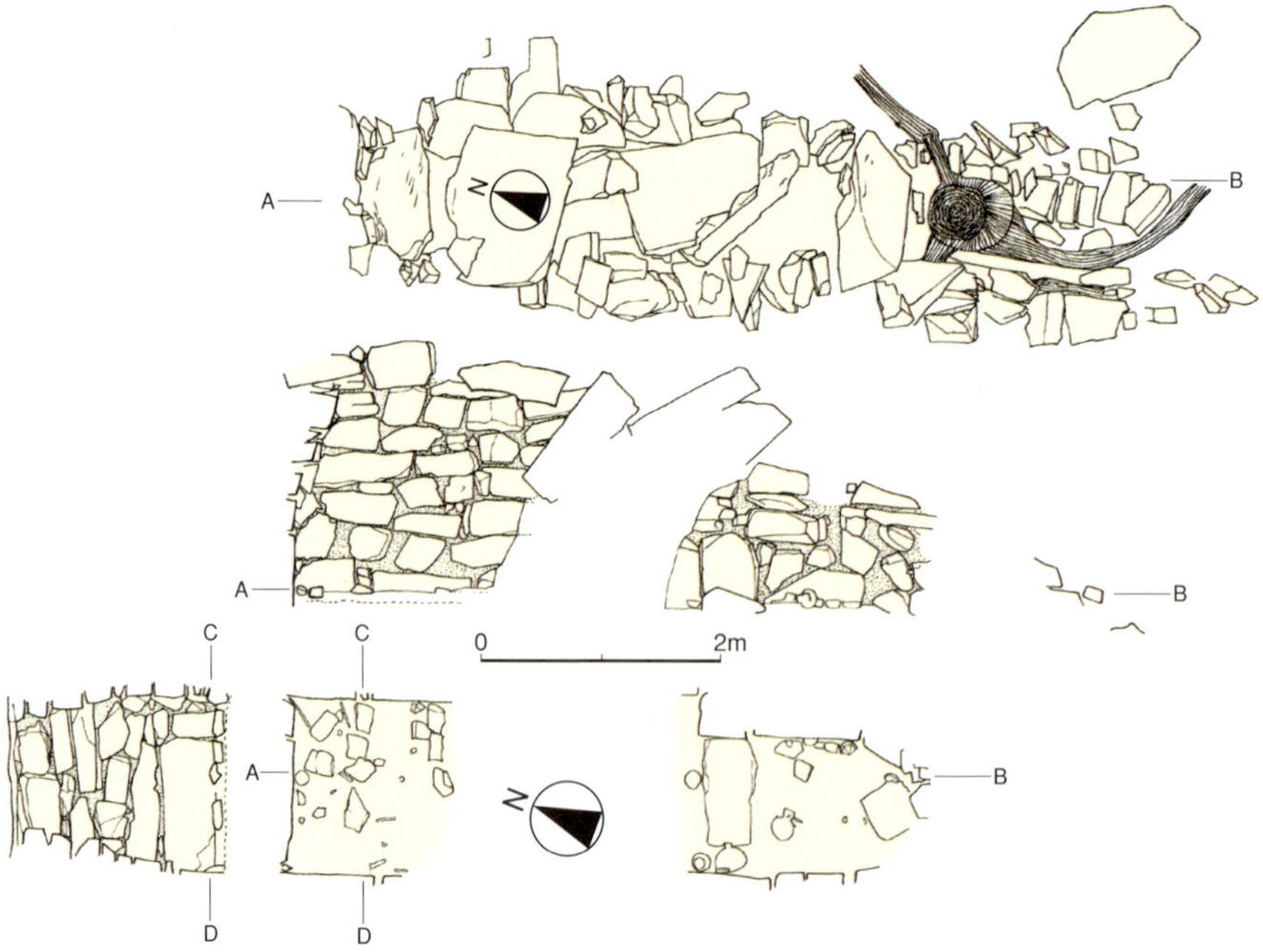

図 60 ● 15 号墳横穴式石室

部に面し、南西浜上方古墳群と明らかにかけ離れている。

墳丘はほとんど失われていたが、天井石の一部が露出していた（図60）。石室の長さは約五メートルであるが、玄室の羨道寄りに三枚の天井石が倒れ込んでいたので、発掘は玄室奥部と羨道部に限られた。玄室奥では天井石が現存し、奥壁・側壁とも他の石室に較べ、小形横長の石材を使っている。また閉塞石の残骸が見られ、玄室奥に棺台か区画かとみられる割石が見られた。片袖式と見られる玄室の長さ約三・三四メートル、幅約一・三八メートル、高さ約一・八メートル、羨道の幅約一メートル、玄室と羨道の間の底面に框石が置かれている。副葬品は玄室・羨道の床面にやや散在的に見られ、盗掘の有無は不明である。

玄室奥部に銀箔の耳環一、ガラス小玉九、刀残片、刀装具残片、鉄鏃四以上、刀子二、須恵器蓋坏各一、土師器小片一などが、框石付近から羨道にかけて銀箔耳環一、鉄鏃残片一、須恵器台付壺一、短頸壺一、坏蓋二、提瓶一、土師器坏一などが発見された。また羨道の埋土から土師器高坏片一などが採集された。

一六号墳　南西浜上の古墳群からざっと二〇〇メートル強離れ、島の北西部の岬をなす尾根の北端に近い高まりに築かれた古墳で、墳丘の盛土は流失し、墳端は自然地形と区別しがたい状態にあった。
南に開口する石室（図61）は、二個の天井石を残しその他の天井石や側壁の多くは石採りに遭っていた。羨道は玄室に対してやや曲がって構築されているが、奥壁から閉塞石内側までの長さは約六・三メートルで、喜兵衛島では一号墳に次いで長い横穴式石室である。玄室の長さ

図 61 ● 16 号墳横穴式石室

は羨道の長さよりやや短く約三メートル、奥壁付近の高さ約一・七メートル、幅は推定で一・六メートルである。玄門として右側に立石が立てられ、床には框石《かまちいし》が据えられる。玄室壁には大形の石が、羨道には小形の石が使われている。玄室の左側は崩壊し分厚く土砂で埋まり、あいにく除去の人員と時間が不足していたので、埋没のままに残した。そのため両袖式か片袖式か明らかにできなかった。羨道入り口には閉塞の石組みの残りが見られた。

玄室内には一帯に、羨道では框石の近くを中心に、副葬品が発見された。その様子から盗掘はなかったか、あっても僅かだったと考えられた。土器類は奥壁近くと袖の隅にまとまって置かれていた。玄室のほぼ中央に被葬者の長骨十余と少し離れて、頭骨か腰骨か不明の骨片・骨粉が見られた（図62）。人類学者の中島寿雄先生によると、各骨の保存ははなはだ悪く骨端は

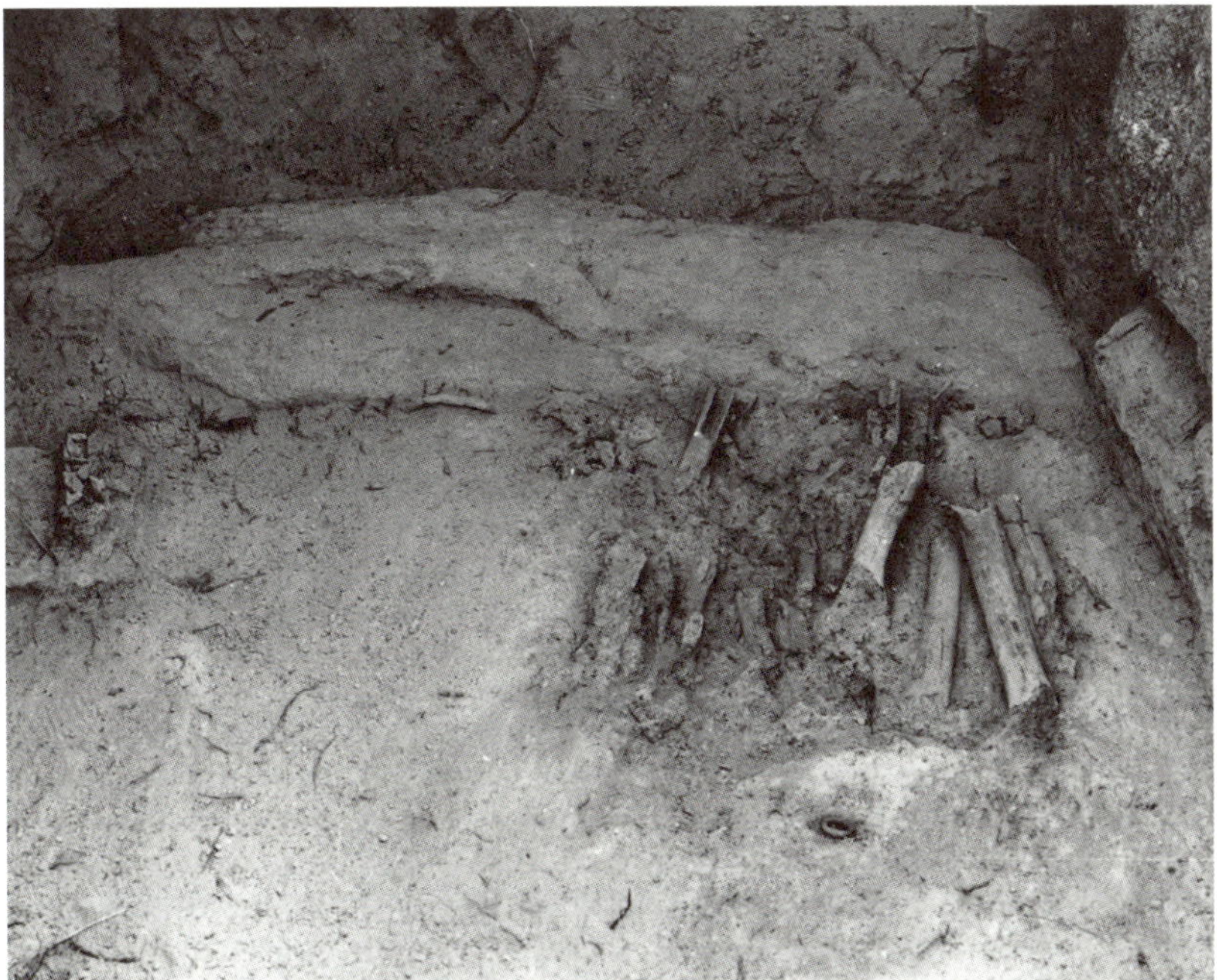

図62 ● 16号墳の人骨など出土状態

すべて失われ、骨表の腐朽も進んでいたが、少なくとも二体ないしそれ以上の集骨があったらしい。

　これら副葬品のうち中央の鉄鏃や刀子の位置は、当初の床面と思われ、そこを零センチとすると、骨の一部・土師器坏・長脚高坏などはほぼ同じ位置に、それに対して他の骨・ガラス小玉・師楽式土器片は概して高位で、とくに羨道よりの骨はプラス一一センチの位置にあった。奥壁近くの須恵器坏五個では相互の最大比高は約四センチで、最下の坏はほとんど零センチである。しかし奥壁沿いの二個は伏せた状態で、やや離れた三個は蓋開けの状態一組と上向き坏一個という具合であったから、前者が先行の、後者が新しい埋葬に伴うものであったかもしれない。袖部の須恵器群は、四個を伏せ重ねした一群がマイナス七センチの

図 63 ● 16 号墳の副葬品出土状態

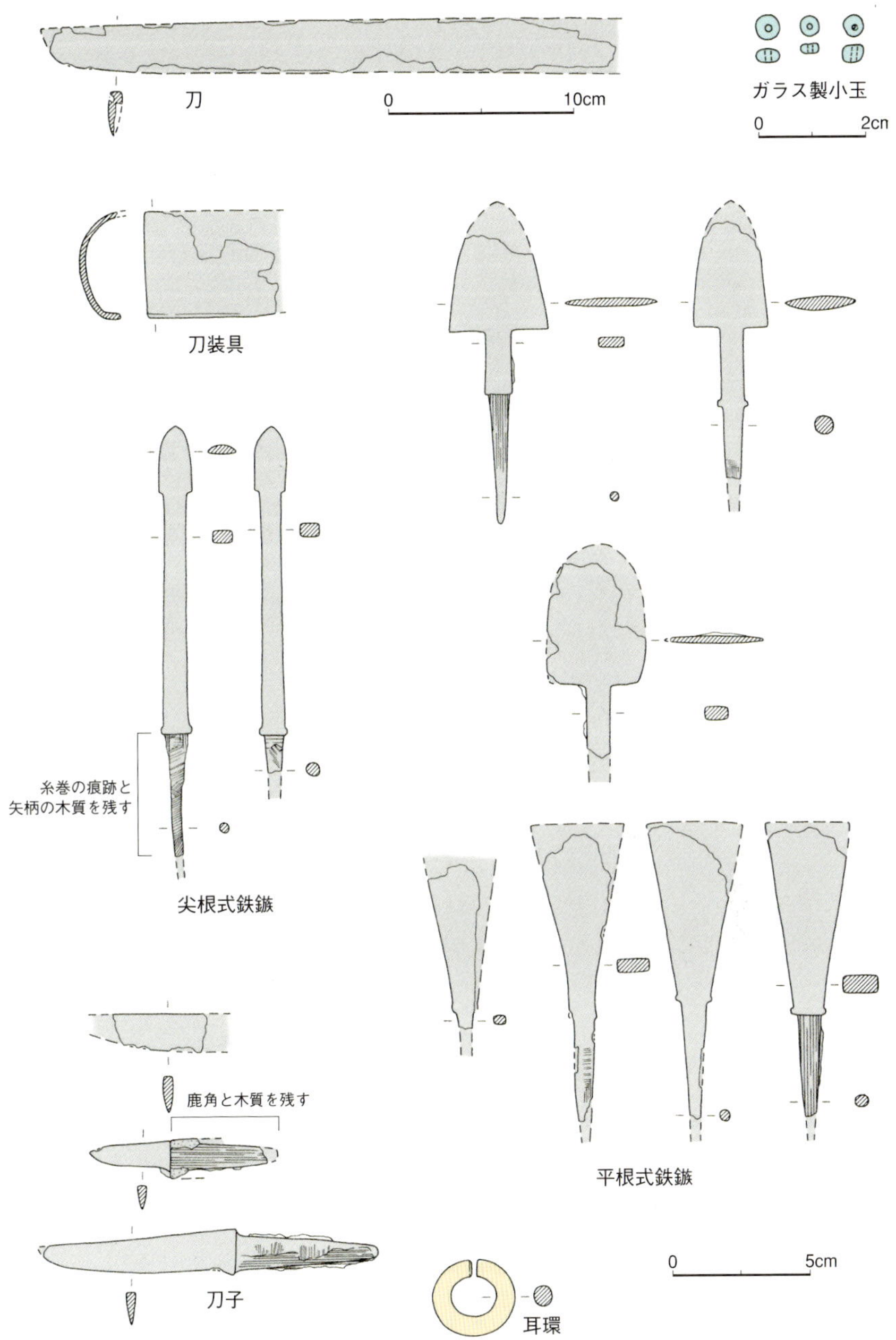

図64 ● 16号墳出土遺物

箇所に最下部を置いていたが、他の須恵器類はプラス六～一〇センチの高位にあった。

前者は先行の埋葬に伴ったものを床面をやや掘り下げて伏せ重ねし一括片付けたもののように考えられた。とすれば後者は、より新しい埋葬に伴う副葬品群ということになる。土器自体も前者が古い型式と思われる。さらに閉塞の石群の付近および閉塞石の下方に須恵器提瓶・壺・坏の破片が見られ、そのうち壺と坏は各所発見の破片が接合してほぼ完形に復原されたので、閉塞の祭祀に際して用いられたに違いない。

遺骨の状態を総括して考えれば、玄室への埋葬は二体以上、羨道へのそれも二体以上ということになるが、発掘できなかった玄室左側を考慮すれば、埋葬の数はさらに増えると思われる。

副葬品（図64）を一括して述べれば、鉄刀一で復原できた長さは約三〇・五センチで、刀身幅約三センチである。刀装具一は鞘尻金具と思われるもので、内面に木質が残る。鉄鏃は尖根式六、平根式七であり、中に茎に糸

図65 ● 17号箱形組合せ石棺

巻の痕跡と矢柄の木質を残すものもあった。刀子は三点で、茎に鹿角と木質を残すものがある。

耳環一があるが、金銀の別は　不明である。青色のガラス製小玉一六個があるが、ほとんどが歪んだ形態である。図示していないが、工具かと思われる長さ五・五センチの鉄器一がある。

土器は須恵器が大部分で、坏は身蓋合わせて一〇、高坏二、壺二、提瓶一、平瓶か提瓶か不明の口径部破片一、甕口縁部破片一がある。ほかに土師器椀一、師楽式土器口縁部破片一が見られた。

一七号・一八号・一九号箱形組合せ石棺　南東浜の東を画する低い尾根の斜面には、二基以上の箱形組合せ石棺が知られている。封土は見られず、転石や露岩との識別は困難であったので、精査すればさらに発見されると思われる。花崗岩の大小の割石を組み合わせたものである。ともに蓋石と副葬品は見られなかったが、一七号の付近に甕と見られる須恵器破片が散見された。一七号（図65）で内法の長約二・一メートル、幅五五センチ、一八

図66 ● 18号箱形組合せ石棺

号（図66）で長約九八センチ、幅約四〇センチ、小児棺であろう。

一九号（図67）は一六号墳の北側数メートルの箇所でたまたま発見された。壁は二、三の石を重ねている箇所と一枚の石を立てている箇所があるが、蓋石はこれにも見られなかった。石採りに遭ったか、はじめから木蓋であったかであろう。長約二・二五メートル、最大幅約五〇センチ、深さ二五センチである。一六号墳に関係する埋葬と見られるが、関係の内容を云々することは困難である。

図67 ● 19号箱形組合せ石棺

3 喜兵衛島古墳群の主は塩民

僕は第1章の「古墳とは？」で、岡山県津山市佐良山古墳群その他の悉皆《しっかい》調査を通して、「有力農民をはじめかなりの数の農民がそこに葬られていた」と考えたが、なおそう「言い切れるだけの充分な資料も自信もなかった」と述べた。しかしここ喜兵衛島では僕たちは、塩民こそ古墳の主であることを明らかにした。

塩民たちは、狭いテラスに小屋掛け程度の住居に住み、師楽式土器を使って営々と塩を採る作業を行ない、その収穫を焼き塩にして各地に搬出、かわりに刀・鎌・耳環・銛・釣針、土師器・須恵器その他の物資を入手していた。僕たちは、はじめて喜兵衛島に住んだ古墳築造者の姿の一部を描き出すことに成功した。

喜兵衛島の発掘調査とは別に、僕たちは岡山県北部の美作地域で前方後円墳時代後期の群集墳の横穴式石室から、タタラ製鉄の際に出てくる鉄滓がしばしば発見されることに気づいていた。この群集墳がタタラ製鉄にあたっていた鉄民とも言うべき人びとの古墳であることは、ほぼ確かであろう。同じ状況は、福岡市早良《さわら》平野縁辺のタタラ製鉄地域の横穴式石室でも知られていることも聞き知っていた。さらに岡山県南東部の備前の丘陵では前方後円墳時代後期に須恵器の窯址が知られ、その付近にも横穴式石室をもつ小古墳が少なからず知られているが、おそらくその主人公は須恵器製作にあたった窯民《ようみん》ともいうべき人たちであったろうと考えられる。

このようにして農民も塩民も鉄民も窯民も、その全員ではないにせよ、小古墳を築きそこに埋葬されたという考えが、ある種の感動をもって僕らの胸に浮かんだ。

第4章　土器製塩の時代

1　喜兵衛島の古墳の築造時期と性格

喜兵衛島古墳群の編年については、弘田和司《かずし》君や尾上元規《もとき》君の研究成果に依拠しながら、その年代に迫ってみたい（図68〜73参照）。

古墳群のなかで一三号墳のみが「竪穴式石槨」を伴っている。木棺の痕跡を見いだせなかったので、この石槨自体が棺の役割を果たしていたようである。前方後円墳時代前期の長大な竪穴式石槨とは違う、一人用の埋葬施設なので、「積み上げ式」箱形石棺と呼んでもよいのかもしれない。幸い須恵器が多く出土し、年代を知る手がかりとなる。この古墳から出土した須恵器は、大阪府陶邑《すえむら》古窯址群の調査研究成果に基づくＭＴ15型式に比定できる。これは喜兵衛島古墳群の他の横穴式石室古墳から出土した須恵器に比べ、一段階古く位置づけられるものである。また一般的に、竪穴系埋葬施設は、横穴式石室に先行する場合が多いので、一三号墳が喜

群	古墳	石室規模(単位はcm)					石室の特徴					備考
		袖型式	石室長	玄室長	奥壁幅	羨道幅	奥壁	腰石	仕切石	敷石	その他	
A	13号墳	–	200	–	50		–					竪穴式
A	12号墳	両袖	300	176	190	85	c~d	○	◎		右袖石：平積、左袖石：立柱。天井三角持ち送り。	
B	2号墳	両袖	350	256	208	94	d	○		○	板石の玄門立柱が石室内側に突出する。	石室入り口が傾斜
B	10号墳	両袖	514	252	170	85	c?	○	○	○		
B	1号墳	無袖	694	–	132	–	a	△			側壁は縦目地が通る。	
C	6号墳	右片袖	676	330	164	110	c		◎			
C	5号墳	右片袖	550	300	160	130	a		○			
C	4号墳	両袖?	600	360	192	150	a				板石の玄門立柱(右袖部)が内に突出。	
D	9号墳	無袖	570	–	144	–	a					
D	7号墳	無袖	330	–	86	–	b?			○		朝鮮半島系土器出土
D	8号墳	無袖	590	–	160	–	a					
D	3号墳	無袖	220	–	76	–	b					
D	11号墳	?	?	?	?	?	?					須恵質陶棺出土か?
E	14号墳	両袖	544	314	150	100	b	○			奥壁の持ち送り顕著。平天井。	
F	15号墳	右片袖	526	332	140	107	c		○			
G	16号墳	右片袖	660	310	165	116	b		○		ほかの古墳と比べ石材の大型化がみられる。	
H	17~18号											箱形石棺

A：13・12号墳（島中央から南西の岬にのびる尾根上。傾斜変換点）
B：2・10・1号墳（南西浜奥の谷の西斜面）
C：4・5・6号墳（南西浜奥の谷の東斜面上段。片袖式石室）
D：3・7〜9号墳（Cグループの下方斜面。無袖式石室）
E：14号墳（A〜Dの群から少し離れた東側尾根上）
F：15号墳（南東浜北西斜面。単独）
G：16号墳（島北西部尾根上。単独）
H：17〜18号箱形石棺（南東浜東丘陵上）
a：奥壁が1石であるか、ほぼ1石でしめるもの
b：基底石が奥壁高の1/2を越えるもの
c：基底石が奥壁高の1/2〜1/3のもの
d：基底石が奥壁高の1/4〜1/3のもの

図68 ● 各古墳の石室の規模と特徴（弘田和司作成）

兵衛島古墳群で最初に築かれた古墳と考えてよい。

その他の横穴式石室については、まず横穴式石室そのものを型式学的に分析し、前後関係を把握することが可能である。時代が下がるほど、より大きな石材を使用することが可能になるので、小さい石材で構築された横穴式石室は、一般的にいえば、より古いと考えられる。

弘田君は、喜兵衛島の横穴式石室を2、3、4、5期に分けている（図70）。2期に属するのが二号墳、一二号墳である。3期には一〇号墳、六号墳、一五号墳が築かれた。4期に属する古墳が三、七、一四、一六号墳である。最終

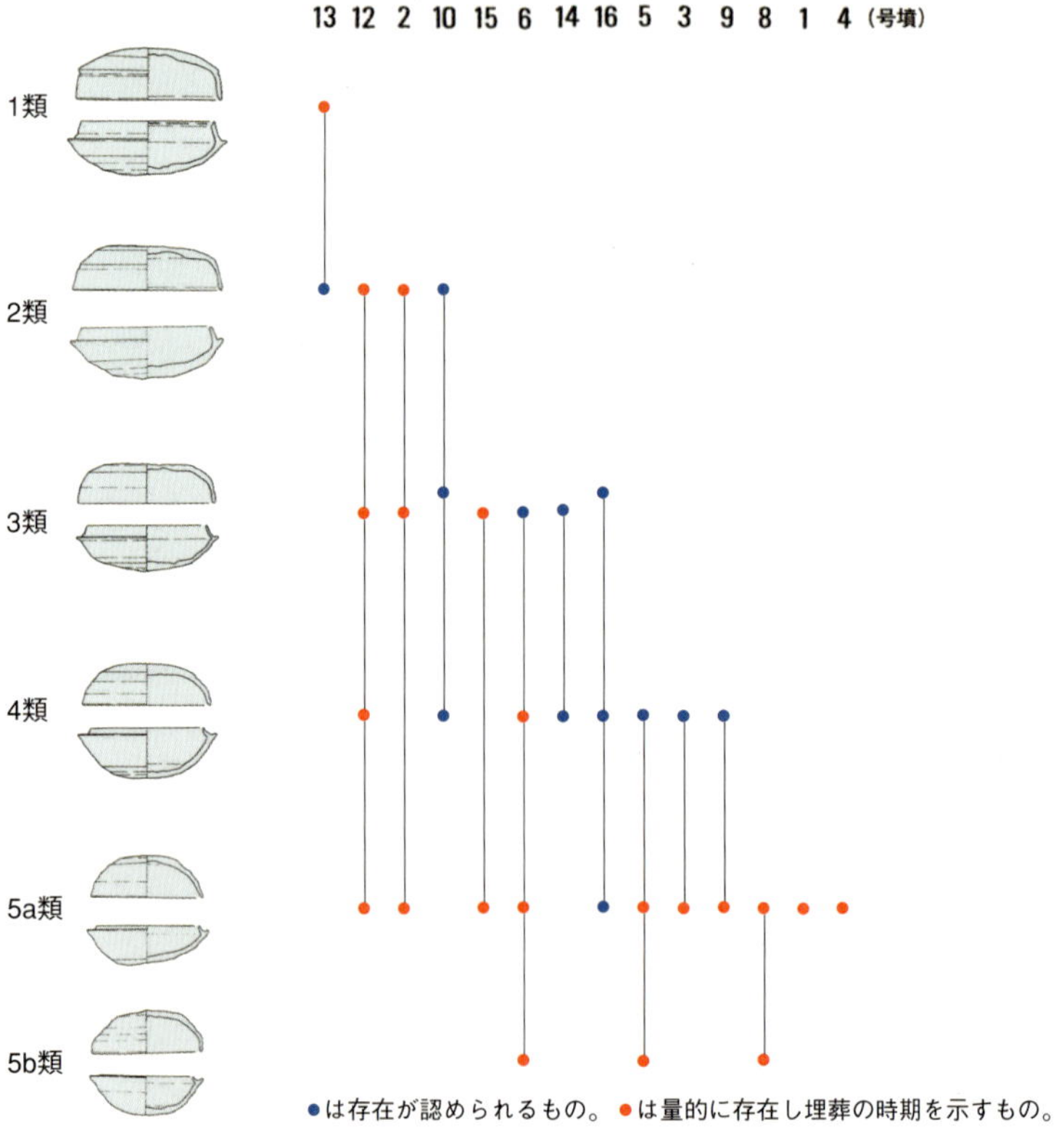

図69 ● 須恵器坏蓋の型式分類（弘田和司作成）

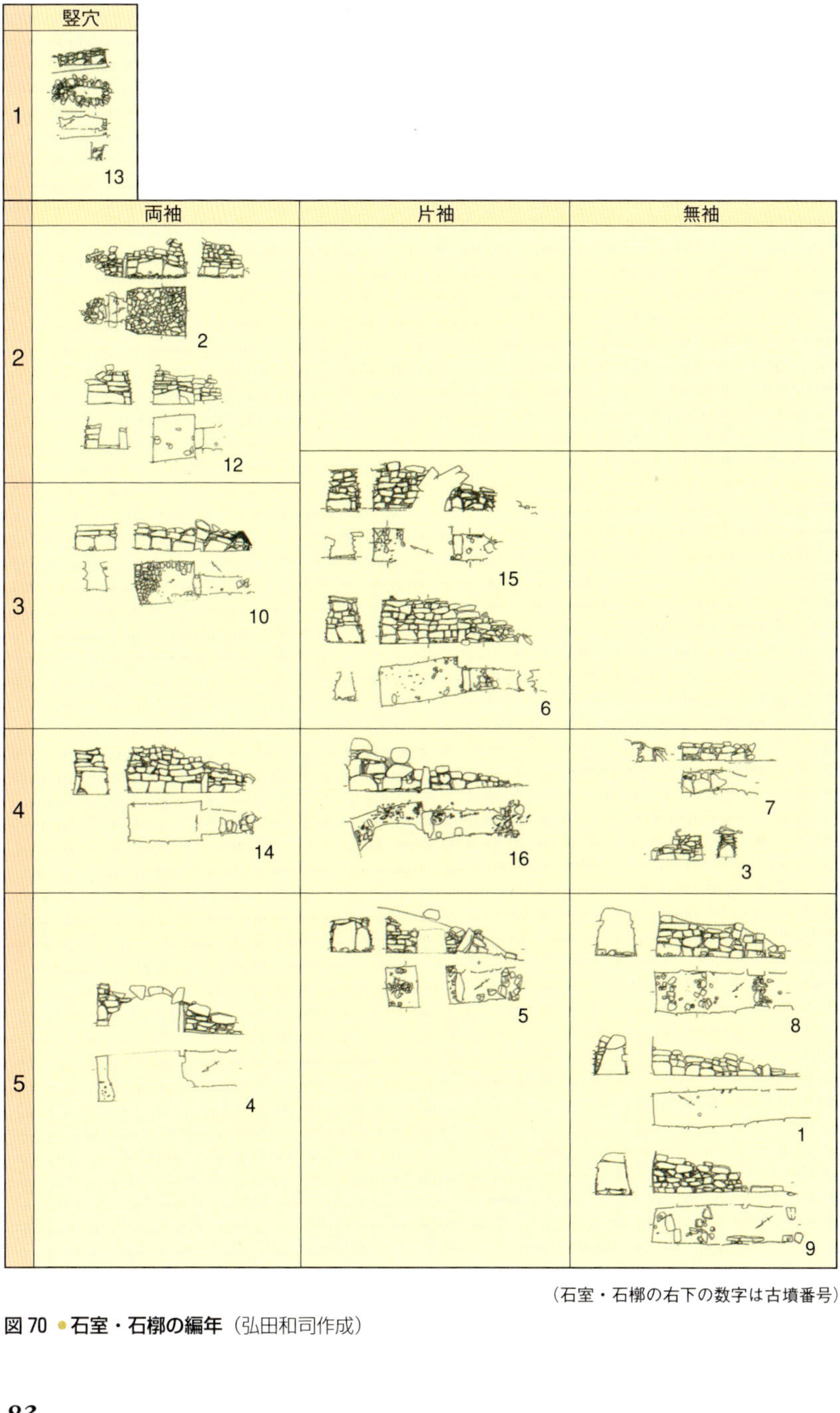

（石室・石槨の右下の数字は古墳番号）

図 70 ● 石室・石槨の編年（弘田和司作成）

段階の5期には一、四、五、八、九号墳が築かれた。この編年は、すでに確立されている陶邑古窯址群の須恵器編年である程度補強することができる。実際、より古い横穴式石室からは、より古い型式の須恵器が見つかっているので、弘田君の横穴式石室編年が正しいことがわかる。

ちなみに弘田君の2期の横穴式石室は須恵器編年のTK10段階、3期はTK43段階、4期はTK209段階、5期はTK217段階に相当する（図71）。僕は、これらの須恵器型式に西暦年代を安易に当てはめることには賛成できない。考古資料にそういった西暦年代を当てはめるためには、さまざまな論証過程を経なければならない。しかし、本書のシリーズの性格を重視して、暦年代を敢えて当てはめればという意味であれば、MT15が五世紀末から六世紀初め、TK10が六世紀前葉〜中葉、TK43が六世紀中葉〜後葉、TK209が六世紀後葉、TK217が七世紀前葉、となる。

また横穴式石室の年代を考える上で重要なのは、追葬の問題である。つまり、横穴式石室は、入り口を再び開けて、築造時の埋葬の後の世代でも、埋葬が行なわれる場合が多い。たとえば、喜兵衛島一二号墳は2期の横穴式石室古墳であって、実際TK10型式の須恵器が築造時に供献されたことがわかっている。しかし、TK43、TK209、TK217の段階の須恵器も供献されているから、3期、4期、5期初頭の段階にも追葬が行なわれたことは確からしい。同様に、2期築造の二号墳も3期と5期に追葬が行なわれているし、3期築造の一五号墳は5期にも追葬が行なわれている。その意味では横穴式石室への埋葬は「系譜的」であると考えることができる。

前方後円墳編年	9期		10期		—
陶邑編年	MT15	TK10	TK43	TK209	TK217
喜兵衛島編年	1期	2期	3期	4期	5期
A	13号墳	12号墳			
B		2号墳	10号墳		1号墳
C			6号墳		4・5号墳
D				3・7号墳	8・9号墳
E・F・G			15号墳	14・16号墳	
備中の主要古墳		金浜・緑山6号	こうもり塚	江崎・箭田大塚	
備前の主要古墳			鳥取上高塚	牟佐大塚	

図71 ● **喜兵衛島古墳の編年**（弘田和司作成）

13号墳 → 12号墳（A群） → 6号墳 →　16号墳（G） → 5・4号墳（C群）

15号墳（F）

3号墳→　8号墳（D1群）

7号墳→　9号墳（D2群）

2号墳 →　10号墳（B群） →　14号墳（E） →　1号墳（B群）

図72 ● **各古墳グループの変遷**（弘田和司作成）

	武器				工具				農具	漁撈具			製塩	紡錘	装身具		須恵器	土師器	その他	時期（須恵器）
	刀	鏃	弓	鉾	刀子	斧	鉇	砥石	鎌	釣針	やす	蛸壺	土器	車	耳環	玉類				
13号墳		●1			●	●			●	●			●	●	●	●	●			MT15
2号墳		●30		●	●	●		●	●				●		●		●	●		TK10
12号墳	●	●6			●												●	●		
6号墳	●	●12	●		●								●	●	●	●	●	●		TK43
10号墳		●1			●										●	●	●	●		
15号墳	●	●3			●										●	●				
3号墳																	●			TK209
7号墳																	●			
14号墳																	●		鉄環	
16号墳	●	●10			●								●		●	●	●	●		
1号墳		●1													●		●	●		TK217
4号墳	●	●1																●		
5号墳		●13			●		●				●		●		●		●	●		
8号墳	●	●6			●								●		●	●	●			
9号墳												●					●		銅鈴	

（「鏃」欄の数字は鉄鏃出土本数を示す）

図73 ● **喜兵衛島古墳群の副葬品**（尾上元規作成）

最後に、墳丘を伴わない一七号、一八号、一九号箱形石棺の年代的位置づけに迫りたい。通常は「組み合わせ式」箱形石棺と呼ばれる。不幸にして、それらの年代を示唆するような手がかりはないが、備讃瀬戸地域では六世紀前~中葉に箱形石棺が一三号墳のような小型竪穴式石槨へ変遷するらしいので、喜兵衛島でも、これら箱形石棺が年代的に一三号墳に先行する可能性が無いことはない。

2 師楽式製塩土器の変遷

製塩土器の面からも喜兵衛島の年代について言及しておきたい。喜兵衛島における師楽式製塩土器の研究は、発掘開始早々から始まり、その後または併行してなされた研究によって折々に進んだが、ここでは、喜兵衛島調査団の研究と研究報告『喜兵衛島』作成当時の大久保徹也君の研究に依拠して述べることにしよう(図74)。

まず弥生時代中期後葉から飛鳥時代にかけての師楽式製塩土器の遷り変わりのうち、喜兵衛島から発見された製塩土器は、図29・30・31その他に示した。それとは別に備讃瀬戸における台脚師楽式土器の前後の製塩土器の変遷を図74に示した。左上からⅠ、Ⅱ、Ⅲ、Ⅳ、Ⅴの順に変遷する。

これらのことが示すように、喜兵衛島ではⅣ式から土器製塩が開始されたが、それはなお小規模生産の段階にあった。やがて喜兵衛島での土器製塩は、Ⅴ式の次の時期つまりⅥ式に大規

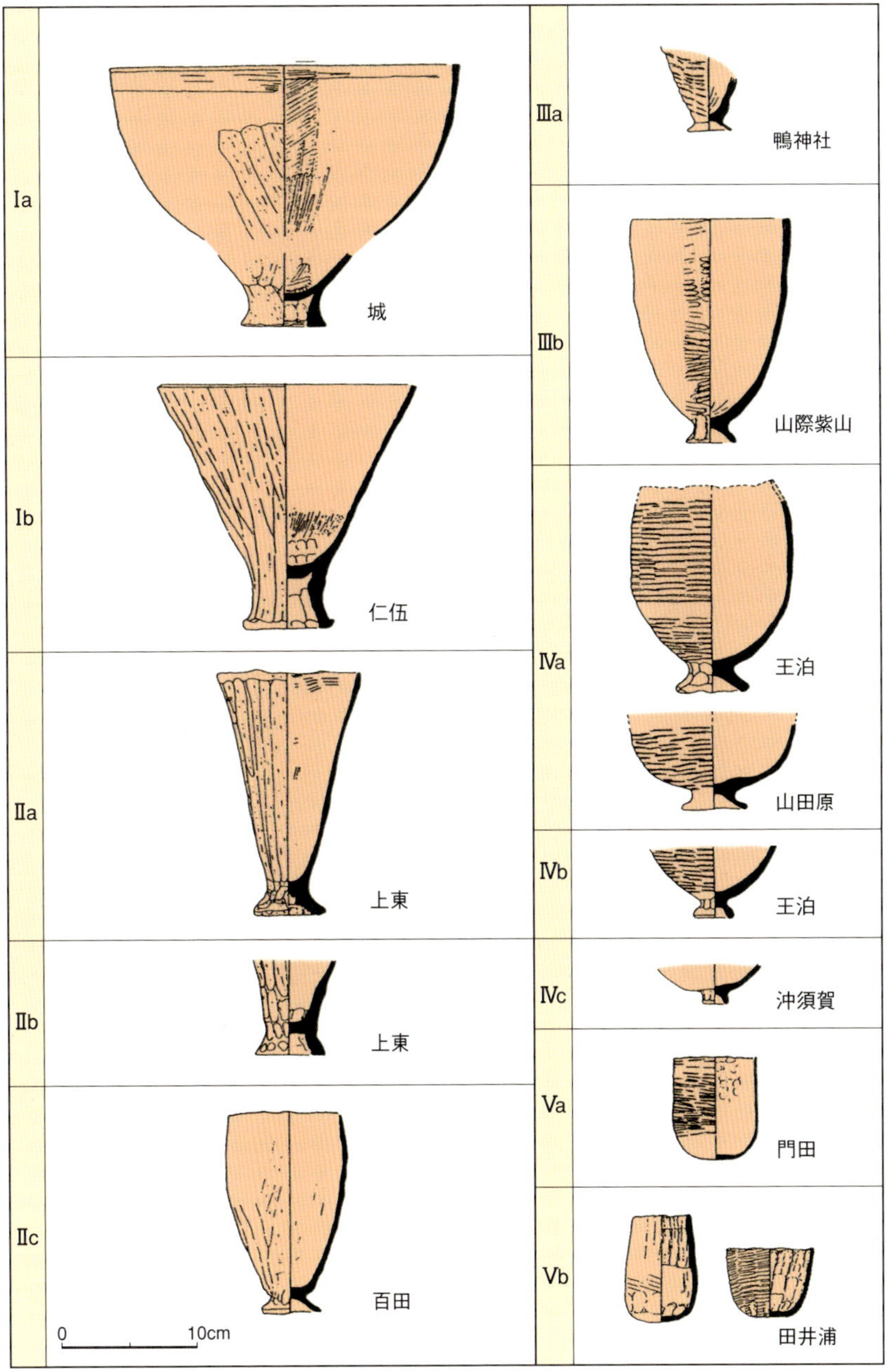

図 74 ● 喜兵衛島の普通師楽式（Ⅵ式）が誕生するまでの師楽式土器の変遷（大久保徹也作成）

模生産へと進んだ。そのことは喜兵衛島だけでなく備讃瀬戸一帯に見られる現象であった。島で最古の古墳とされる一三号墳出土の師楽式製塩土器の形態的類例品はほとんど見られないが、副葬用に特別に製作されたものかもしれない。つまり、喜兵衛島の土器製造は図74に示すV式以後の「普通師楽式土器」（図29の上・中、図54の1・2）以降に著しく発達し、その時期に一六基にも達する墳丘をもつ古墳がこの島に築造されたと言える。

3 土器製塩研究の展開

土器製塩の調査・研究は、喜兵衛島の発掘中にもその後にも日本各地に及び、今日では北海道・沖縄を除くほとんどの地域で土地土地の研究者による発見・発掘がなされている。とくに遺跡が密集している地域としては、青森県陸奥湾沿岸、宮城県松島湾沿岸、石川県能登半島沿岸、愛知県渥美・知多半島沿岸、和歌山県紀州灘沿岸、福井県若狭湾沿岸、岡山県・香川県備讃瀬戸沿岸、福岡県玄界灘沿岸、熊本県天草諸島沿岸などであるが、これら地域は早くから研究が始められた土地でもあるので、その他地域でも未発見の遺跡がたくさん埋もれていると見られる。また時代または時期によって盛んになったり衰えたりする。たとえば弥生時代中期の土器製塩遺跡は西日本では岡山県児島半島とその近隣に限られ、縄文時代晩期の土器製塩遺跡は東日本において茨城県霞ヶ浦縁辺・松島湾縁辺に集まるという具合である（図75）。

時期としては、今日では東日本において縄文時代後期安行1式に遡るが、東海地方では縄文時代晩期後葉にそれとおぼしいものが知られている。それに対して西日本では弥生時代中期になって初めて土器製塩が始まる。どうしてであろうか。

土器製塩の廃絶も一斉になされたわけでなく、飛鳥時代から平安時代にかけて地域ごとに遅速をもって進んだ。代わって現れる製塩法は、地域ごとに明らかにされているわけではないが、海浜の砂粒を利用しての採鹹と大形の土釜・石釜・鉄釜による煮沸煎熬法である。

土器製塩の遺跡、あるいは製塩土器そのものについて、日本の周辺では中国山東省渤海《ぼっかい》湾周縁で製塩土器と考えられているものが中国の雑誌に紹介されているが、遺跡の状況が未発表であるらしく僕たちには不明であり、発表された図面の中で製塩土器と称されているものの器壁が、日本の製塩土器と較べると、著しく厚手であることなど、なお不可解な点があり、直ちに対比することは目下のところ困難である。韓（朝鮮）では、釜山大学校の千羨幸さんが目下鋭意探索中であると聞く。そのほかタイ国で塩水が土中深くから汲みだされ、それを煮沸する製塩が行なわれていた遺跡が、鹿児島大学の新田栄治さんたちによって調査されている。

またアメリカや中南米でも素焼き土器による日本原始古代と同様な製塩が行なわれていたとも聞く。なかでもヨーロッパ各地、ポーランド・ドイツ・フランス・イギリスでは、原始古代に属す土器製塩遺跡が多く知られ、早くから研究が進められている。

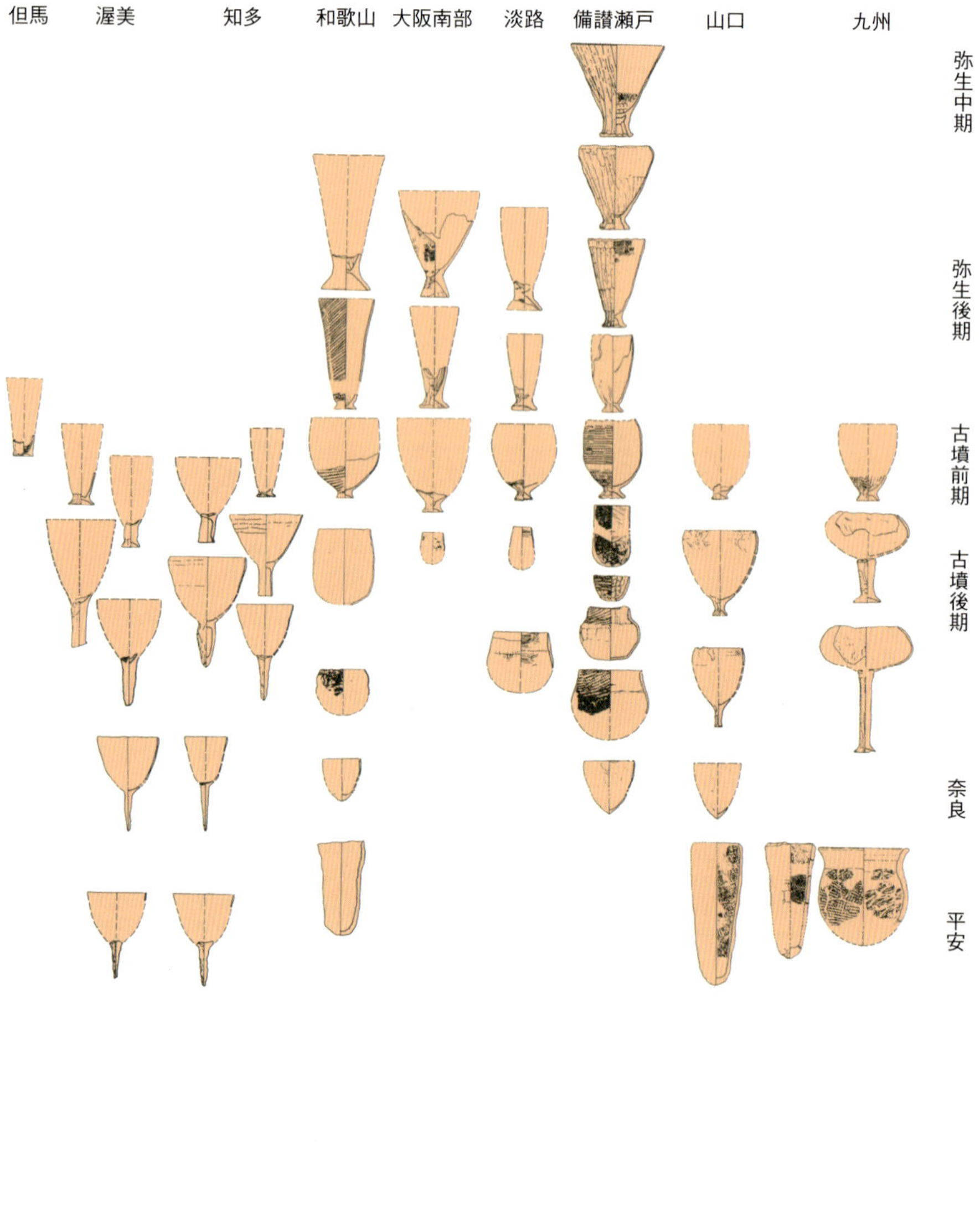
但馬
渥美
知多
和歌山
大阪南部
淡路
備讃瀬戸
山口
九州
弥生中期
弥生後期
古墳前期
古墳後期
奈良
平安

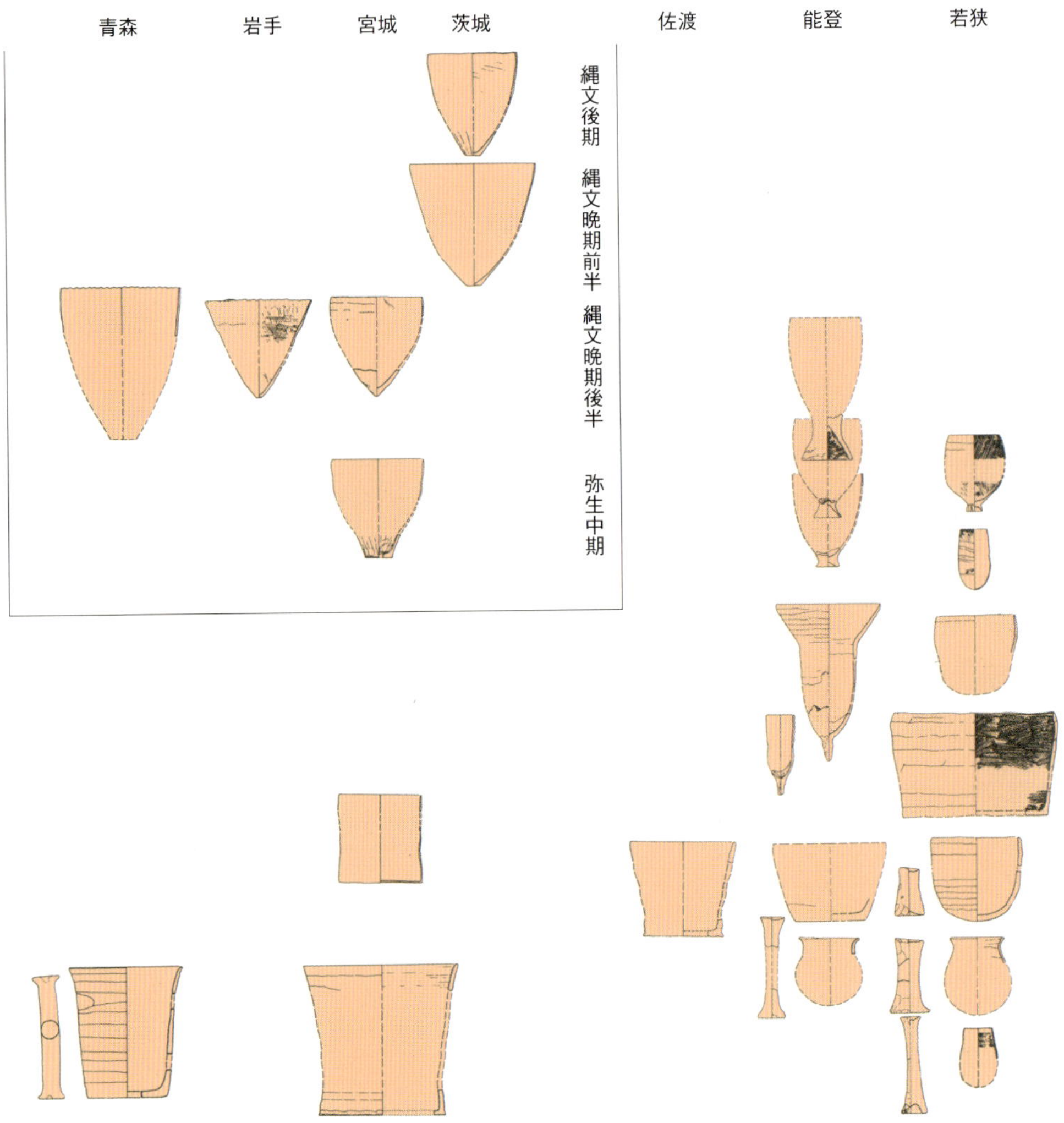

図 75 ● **地域別製塩土器型式編年概要図**
（『土器製塩の研究』付図から）

主要参考文献

近藤義郎 一九八四『土器製塩の研究』青木書店
近藤義郎編 一九九四『日本土器製塩研究』青木書店
近藤義郎編 一九九九『喜兵衛島—師楽式土器製塩遺跡群の研究—』喜兵衛島刊行会

図の出典

図1・2・4〜12・14〜18・20・23・24・26上・28〜34・36〜38・40・42〜44・46〜52・54〜67 近藤編一九九九『喜兵衛島』から（うち1・4・5・17・32〜34は安倉清博君撮影）
図3 国土地理院発行 二万五千分の一地形図（八浜・宇野・犬島・豊島）
図35・75 近藤一九八四『土器製塩の研究』から
図68・69・70・71・72 弘田和司一九九九「喜兵衛島古墳群の形成とその特質」『喜兵衛島』から
図73 尾上元規一九九九「副葬品からみた喜兵衛島古墳群の性格」『喜兵衛島』から
図74 大久保徹也一九九九「喜兵衛島遺跡群出土製塩土器について」『喜兵衛島』から

あとがき

小文は『喜兵衛島』（同刊行会、一九九九年　岡山）の各氏の記述に基づいて、多少の筆者の意見も入れて、まとめたものである。とくに弘田和司・尾上元規・大久保徹也の三君の論述を参考とした。また編集にあたり、佐々木憲一君と新泉社編集長竹内将彦氏ほかの皆さんの援助を得た。喜兵衛島発掘に共に汗を流した皆さんのご苦労と併せ、心から感謝したい。

二〇〇五年六月二四日

近藤義郎

刊行にあたって

「遺跡には感動がある」。これが本企画のキーワードです。

あらためていうまでもなく、専門の研究者にとっては遺跡の発掘こそ考古学の基礎をなす基本的な手段です。また、はじめて考古学を学ぶ若い学生や一般の人びとにとって「遺跡は教室」です。

日本考古学では、もうかなり長期間にわたって、発掘・発見ブームが続いています。そして、毎年厖大な数の発掘調査報告書が、主として開発のための事前発掘を担当する埋蔵文化財行政機関や地方自治体などによって刊行されています。そこには専門研究者でさえ完全には把握できないほどの情報や記録が満ちあふれています。しかし、その遺跡の発掘によってどんな学問的成果が得られたのか、その遺跡やそこから出た文化財が古い時代の歴史を知るためにいかなる意義をもつのかなどといった点を、莫大な記述・記録の中から読みとることはなはだ困難です。ましてや、考古学に関心をもつ一般の社会人にとっては、刊行部数が少なく、数があっても高価なその報告書を手にすることすら、ほとんど困難といってよい状況です。

いま日本考古学は過多ともいえる資料と情報量の中で、考古学とはどんな学問か、また遺跡の発掘から何を求め、何を明らかにすべきかといった「哲学」と「指針」が必要な時期にいたっていると認識します。

本企画は「遺跡には感動がある」をキーワードとして、発掘の原点から考古学の本質を問い続ける試みとして、日本考古学が存続する限り、永く継続すべき企画と決意しています。いまや、考古学にすべての人びとの感動を引きつけることが、日本考古学の存立基盤を固めるために、欠かせない努力目標の一つです。必ずや研究者のみならず、多くの市民の共感をいただけるものと信じて疑いません。

監　修　戸沢　充則
編集委員　石川日出志　小野　正敏
勅使河原彰　佐々木憲一

著者紹介

近藤義郎（こんどう・よしろう）

1925年、栃木県足利市生。1949年、京都大学文学部史学科考古学専攻卒業。1950年、岡山大学医学部助手を振り出しに、教育学部・文学部などでの講義と各地での発掘に40年間を送り、1990年、退職。岡山市南東郊外、芥子山麓に寓居し、老熟の仲間と遺跡・古墳を歩き、小文を書いて過ごす。かつて岡山大学教授・岡山の自然を守る会会長・考古学研究会代表・前方後円墳研究会代表を務めた。

シリーズ「遺跡を学ぶ」018

土器製塩の島
・喜兵衛島製塩遺跡と古墳（きへいじませいえんいせきとこふん）

2005年8月15日　第1版第1刷発行

著　者＝近藤義郎

発行者＝株式会社 新 泉 社

東京都文京区本郷 2-5-12

振替・00170-4-160936番　TEL03(3815)1662／FAX03(3815)1422

印刷／太平印刷社　製本／榎本製本

ISBN4-7877-0538-5　C1021